시지프스를 위한 변명

시지프스를 위한 변명

윤일현

學而思 | 학이사

머리말

인문학 열풍이 뜨겁다. 둘레길 열풍도 뜨겁다. 두 열풍은 발생 시기, 전파 속도 등 여러 측면에서 비슷하다.

인문학에 관심을 가지는 인구가 늘어나는 것은 좋은 일이다. 국민 전체의 지적 수준이 높아지고, 교양과 식견을 가진 사람들이 많아져서 개인과 국가의 경쟁력이 높아질 것이기 때문이다.

둘레길을 찾는 사람이 늘어나는 것도 좋은 일이다. 비교적 평탄한 길을 느린 호흡으로 천천히 걷다보면, 보다 많은 사람들이 마음의 여유와 새로운 활력을 얻을 수 있기 때문이다.

쉬운 언어로 동서고전을 해설하고 요약한 책이 많은 것은 좋은 일이다. 그러나 인문학 강의를 바쁘게 쫓아 다니며 입문 수준의 공부만 하는 것은 바람직하지 않다. 수박 겉핥기식 공부만 하다보면 정말 중요한 핵심과 정수를 놓치기 때문이다.

전국의 둘레길을 열심히 찾아다니는 사람이 늘어나는 현상도 무조건 환영할 수만은 없다. 둘레길의 좋은 편의시설과 안락함에 길들여지면 정상 도전의 욕구가 사라질 수 있기 때문이다.

어두운 밀실에서 지루함과 단조로움을 견뎌내며, 한 줄 문장을 며칠씩 되씹고 곱씹어, 드디어 그 문장 속에 들어있는 감성과 사상의 진액을 맛보게 될 때, 우리는 시공을 초월하여 저자와 영혼의 대화를 나누게 되고, 다른 세계가 열리는 경이를 경험하게 된다.

둘레길을 돌며 기초 체력을 다진 후에는 홀로 외롭게 정상 도전을 감행해 보아야 한다. 경련이 일어나는 팔다리를 이끌고 정상에 서서 숨을 고르며 하늘과 땅을 동시에 바라볼 때, 우리는 비로소 그 산의 진정한 모습과 매력을 알게 된다.

우리는 지금 역사상 유례가 없는 변화와 변혁의 시대를 살고 있다. 부모는 자녀와 함께 둘레길을 돌고 동서 고전을 읽으며, 진로 탐색을 위해 많은 대화를 나누어야 한다. 이제 변방과 주변에서 정상과 중심을 향해 우직하게 걸어가는 사람들이 많이 나와야 한다. 특히 젊은이들은 다양한 분야에서 그 최고봉을 향해 끊임없이 도전해야 한다.

이 책이 현재를 통찰하고 미래의 새 길을 찾는데 작은 길잡이의 역할을 할 수 있기를 소망한다.

2016년 새봄에
윤일현

차례

2부 _ 옳은 것이 강한 것을 이기는 사회

차례

3부 _ 디오니소스적 삶을 위한 변명

4부 _ 차이와 차별의 혼동

1부
창의력이 경쟁력이다

참을 수 없는 조급함, 얕음, 얇음

영화관에서, 마지막 장면이 너무 감동적이어서 바로 일어나지 못하고 잠시 감정을 추스르고 있다. 옆에 앉았던 사람이 서둘러 나가면서 다리를 치자 온몸으로 느꼈던 감동과 전율이 금방 사그라진다. 연주회장에서, 관객의 열렬한 환호에 답하여 지휘자가 세 번째 앙코르곡을 지휘하고 있다. 그 마지막 곡이 숨 가쁘게 피날레를 향해 가고 있는데, 같은 열에 앉은 사람이 먼저 나가려고 내 앞을 지나가다가 발을 밟는다. 갑자기 긴장이 풀리고 흥이 깨져버린다. 강연장에서, 이야기를 거의 다 끝내고 정리를 하려는데, 앞자리에 앉은 몇몇 사람이 일어나 서둘러 나간다. 강연자는 신경이

쓰여 마지막 요약의 말을 감동적으로 처리하지 못한다. 많은 사람들이 이런 종류의 불쾌한 경험을 가지고 있다. 불가피한 사정 때문에 먼저 나가야 하는 경우도 있다. 그러나 대개의 경우, 남보다 빨리 엘리베이터를 타기 위해, 주차타워에서 남보다 먼저 차를 빼기 위해 그렇게 서두른다. 그 가슴 벅찬 감동의 상태에서 어쩌면 그렇게 재빨리 현실로 돌아갈 수 있는지가 정말 놀랍다.

《적과 흑》의 작가 스탕달은 1817년 이탈리아 피렌체에 있는 산타크로체 성당에서 화가 귀도 레니가 그린 〈베아트리체 첸지의 초상〉을 감상하고 나오는 순간, 심장이 마구 뛰고 무릎에 힘이 빠져 걷는 동안 그대로 쓰러질 것 같은 황홀경을 느꼈다 한다. 이처럼 감수성이 예민한 사람이 걸작을 감상하다가 갑자기 느끼게 되는 흥분 상태, 아름다움의 극치가 주는 충격 때문에 생기는 호흡곤란, 현기증, 전신마비 같은 정신 병리학적 이상증세를 '스탕달 증후군'이라 부른다. 대부분의 사람들은 어린 시절 재미있는 동화책이나 전기를 읽을 때, 너무 몰입하고 심취하여 먹는 것도 잊어버리고 주인공과 함께 울고 웃었던 기억을 가지고 있다. 그때 우리는 내 몸이 내 자신의 것이 아닌 것 같은 경험을 하게 된다.

80년대까지만 해도 한 달에 한 번쯤은 시내 중심가 영화관에서 상영하는 명작을 학생들이 할인 요금으로 감상하는 '문화교실'이라는 행사가 있었다. 지금 사십대 이상의 사람들은 〈벤허〉, 〈바람과 함께 사라지다〉, 〈닥터 지바고〉, 〈러브스토리〉 등 수많은 명화들을 '문화교실' 시간에 대형 스크린을 통해 관람했다. 학생들은 영화관을 나와서도 감동을 주체할 수 없어, 몇 시간씩 시내를 돌아다니며 그 감흥을 다스리곤 했다. 다양한 분야에서 경험하게 되는 스탕달 증후군은 정서를 풍부하게 하고 감성을 예민하게 하여, 우리로 하여금 삶을 깊이 있게 음미하고 성찰하게 해 준다.

매사에 왜 그렇게 조급한가? 식민지 시대와 해방 이후의 혼란기, 6.25 등 질곡의 세월을 거치면서, 절대빈곤에서 벗어나기 위해 처절하게 몸부림치는 과정에서, 우리는 남보다 빨리 일어나 남보다 먼저 움직여야 살아남을 수 있었다. 우리 내면에 잠재되어 있는 이 조급함과 맹목적인 속도 중시주의 성향은 일상생활에서는 말할 것도 없고, 자녀 교육에서도 그대로 드러나고 있다. 선행학습 열풍도 이런 성향이 반영된 것이라 할 수 있다. 우리는 양과 속도를 지나치게 중시하는 경향이 있다. 기다림에 대한 지구력이 너무 약하다. 선행학습보다는 지금 배우고 있는 개념과 내용을 천천히 되씹고 곱씹으며 과정을 즐기다보면, 결과는 저절로 좋아질 것이라고 아무리 목청 높여 이야기해도, 젊은 엄마들은 묘한 표정으로 고개만 끄덕일 뿐이다.

지금은 단순하게 암기한 단편적인 정보의 양보다는 창의력이 성패를 좌우하며, 감성과 꿈, 상상력이 부가가치 높은 생산력과 직결되는 감성시장의 시대다. 창의력과 감성은 교과서 밖, 교실 밖의 경험에 의해 자극되고 촉발되는 경우가 많다. 깊이와 두께, 무거움보다는 가벼움과 재빠른 변신을 현명한 처세술로 생각하는 우리 내면의 천박한 성향을 돌이켜 보며, 좀 느긋하게 몰입하고, 진득하게 빠져드는 여유를 가져보자. 우린 너무 조급하며, 얕고, 얇다.

일포스티노와 메타포를 생각하며

시와 바다와 자전거의 영화 〈일포스티노〉는 마이클 레드
포드 감독의 1994년도 작품이다. 이 영화는 칠레에서 이탈
리아의 작은 어촌으로 망명한 시인 파블로 네루다와 우편
물 배달부 마리오의 우정을 다루고 있다. 겨우 글을 읽을 줄
만 알 뿐, 아무것도 모르는 토박이 촌뜨기 마리오가 시인을
통해 메타포(은유)를 깨우치며 시를 배우고, 사랑과 예술,
세상에 대해 닫힌 눈을 떠가는 과정이 잔잔한 파도처럼 아
름답고 감동적으로 전개된다.

시는 메타포의 산물이다. 상상력은 메타포라는 필터를 통
해 새로운 현실을 발견하고 창조한다. 아리스토텔레스는

《시학》에서 '은유란 어떤 것에다 다른 낯선 어떤 것에 속하는 이름을 옮겨 놓는 것'이라고 정의했다. 레이코프 존슨은 "은유의 본질은 한 종류의 사물을 다른 사물의 관점에서 이해하고 경험하는 것이다"라고 규정한다.

메타포란 '대상이 가진 본래의 관념으로는 전달할 수 없는 의미를 표현하기 위해, 유사한 특성의 다른 사물이 가진 관념을 써서 표현하는 비유법'이다. '내 마음은 호수요'에서 'A(내 마음)는 B(호수)다'가 은유다. '내 마음'이라는 원관념을 '호수'라는 보조 관념을 가져와 설명한다.

'시간은 돈이다'라는 표현에서도 '시간'의 가치와 귀중함을 설명하기 위해 '돈'이라는 보조 관념을 가져 온다. 이처럼 은유는 원관념과 보조관념 사이의 유사성을 통해 원관념의 본질을 드러내고, 비유사성을 통해 의미의 변환 내지 확장을 창조해낸다. 은유를 통해 내 마음은 호수로 확장되고, 시간은 돈으로 의미가 변환된다. 은유의 중요성에 관한 탁월한 설명과 해설을 보여주는《생각의 시대》를 쓴 김용규는 은유는 유사성을 통해 '보편성'을, 비유사성을 통해 '창의성'을 드러내는 천재적인 생각의 도구라고 말한다.

10세 초등학생이 쓴 시집《솔로 강아지》에 나오는 한 작품이 지나치게 폭력적이고 잔인한 내용을 담고 있다는 논란이 우리의 마음을 착잡하게 한 적이 있다. 〈학원가기 싫은 날〉이라는 시에서 학원에 가고 싶지 않을 때는 엄마를 씹어 먹고, 삶아먹고, 구워 먹고, 눈깔을 파먹고, 머리채를 쥐어뜯고, 심장은 맨 마지막에 가장 고통스럽게 먹겠다는 내용을 담고 있다. 피가 낭자한 삽화가 곁들여져 있어 더욱 충격을 주었다.

이 작품은 상징과 함축, 메타포가 어우러진 시라기 보다는 격정적인 감정이 아무런 여과 없이 그냥 배설되어 있다는 느낌을 준다. 시는 표현하고 싶은 내용을 가장 짧은 언어로 형상화한 이미지들을 모아놓은 은유의 보물창고라는 점을 상기할 때, 이 글은 많은 아쉬움을 남긴다. 그렇다고 우리가 이 꼬마 시인과 부모에게 맹목적이고 악의에 찬 비난을 가하여 상처를 주거나 창작 의욕을 좌절시켜서는 안 된다. 이 시를 옹호하는 쪽에서는 어린이를 있는 그대로 받아들여야지 어른의 '정상성'이라는 규범적 잣대로 재단해서는 안 된다고 주장한다. 그러나 글이란 일단 발표되고 나면 윤리적, 사회적, 미학적인 평가를 감당할 수밖에 없다는 주장에도 귀를 기울여야 한다. 그런 표현이 나올 수밖에 없는 이 사회와 교육환경을 냉정한 시선으로 바라볼 필요가 있다. 열 살 아이가 그런 표현을 할 수밖에 없는 사회의 미래는 어떤 모습일까. 단재 신채호 선생은 현재 젊은이들이 읽고 있는 글과, 부르고 있는 노래를 보면 그 나라의 미래를 알 수 있다고 했다. '잔혹 동시'가 나올 수밖에 없는 사회는 불행한 사회이고 병든 사회다.

우리는 우리 아이들이 처한 현 상황을 직시해야 할 뿐만 아니라, 자라는 아이들에게 제대로 된 메타포를 가르치고 이해시킬 필요가 있다. 메타포와 수사학의 기본을 제대로 배우지 못하고 글을 쓰고 말을 할 때, 상징과 함축을 활용할 수 없을 때, 우리 사회에는 원색적이고 유혈이 낭자한 폭력적인 언어가 범람하게 되고, 사람들의 심성은 거칠고 난폭해진다.

영화 〈일 포스티노〉에서 네루다는 마리오에게 메타포가 어떤 것인가를 차근차근 깨우쳐주며, 사랑에 빠지면 누구나 시를 쓰게 되고 세상이 아름답게 보인다는 점을 잔잔한 파도처럼 찬찬히 가르치고 있다. 교육 현실과 사회가 각박할수록 우리는 그런 아름다운 학습 방법을 더욱 간절히 소망하게 된다.

현실과 이상, 꿈

세상은 현실주의자와 이상주의자가 벌이는 상호 견제와 균형에 의해 유지되고 발전한다. 현실주의자는 상황이 바뀔 때마다 자신의 가치관과 관점을 상황에 맞게 바꾼다. 이상주의자는 자신의 철학적 관점은 좀처럼 바꾸려 하지 않고, 현실이 자신의 생각과 가치관에 따라오기를 바라며, 그렇지 않은 경우에는 판을 엎어서라도 자기 뜻을 실현하려는 경향이 강하다. 일반적으로 현실주의자는 상황과 환경의 변화에 너무 약삭빠르게 대처해 지탄 받고, 이상주의자는 자기 고집과 주장이 지나치게 강해 타협의 여지가 없고, 때로 과격하여 경계의 대상이 되기도 한다. 우리는 자기 자신도 어느 쪽에 속하는지 엄격하게 판단하기 어려운 때가 많다. 대부분의 사람은 지극히 현실주의적이면서 동시에 이상주의적이기 때문이다.

"같은 강물에 두 번 발을 담글 수는 없다"라는 말을 남긴 그리스의 철학자 헤라클레이토스는 "세상은 타오르는 '불'과 같다. 움직이지 않는 불을 생각할 수 없듯이 세상은 끊임없이 움직인다. 세계는 불타오르기도 하고 꺼져 가기도 하는, 영원히 살아 있는 불이다"라고 했다. 보수와 진보, 현실주의자와 이상주의자가 맞붙어 사생결단의 싸움을 할 때 얼핏 보면 아무런 룰도 없고 그지없이 천박해 보인다. 그러나 헤라클레이토스의 말을 빌리면 그 불길은 무질서한 것 같아도 우주의 섭리, 즉 로고스에 따라 방향성을 가지고 움직인다.

아리스토텔레스는 철학할 수 있는 조건으로 '여유'를 꼽았다. 삶과 세상 돌아가는 것을 편견 없이 바라보고 그 진정한 의미를 찾기 위해서는, 절박한 일상에서 다소 거리를 두어야 하며 몸과 마음의 여유가 꼭 필요하다. 헤라클레이토스는 조용히 사색하며 세상일에서 한발 물러서서 당장의 이해관계를 떠나 모든 일의 근본을 깊이 바라보려고 노력했다. 그는 변하는 현실을 주의 깊게 바라보면서 정의로움과 바람직한 삶이 무엇인지에 관해 끊임없이 생각하라고 말했다.

애써 마음의 여유를 가지려고 노력해야 한다. 그리고 자신의 발걸음 빠르기를 살펴보아야 한다. 어떤 일을 할 때, 빠름과 느림이 조화를 이룰 때 생산성은 극대화된다. 빠름이 성공적이기 위해서는 그 속에 느림과 여유가 있어야 한다. 마찬가지로 느림이 창조적이고 생산적이기 위해서는 필요할 때 즉시 속도를 낼 수 있는 순발력이 있어야 한다. 음미와 여유가 없는 속도는 무모하고 위험하다. "우리는 가속의 체증 속에서 꼼짝 못하고 앉아 있을 때가 많다. 시간이라는 기차에서 진행 방향과 같은 방향으로 앉아서 성급한 진보에 몸을 내맡긴 많은 사람들은 창문을 아주 조금만 열어도 바람이 얼굴에 심하게 부딪친다는 것을 알게 된다. 그러나 달리고 있는 진보라는 기차의 방향과 반대 방향으로 앉아 있으면 창문을 연 채 갈 수 있다"라고 말한 칼 하인츠 A. 가이슬러의 충고는 우리에게 많은 것을 시사해 준다. 이 말은 성급한 진보뿐만 아니라 고집불통의 보수에게도 똑같이 적용된다. 때로 자세를 바꾸어 반대편 풍경을 바라보면 많은 것을 새롭게 깨닫게 된다.

우리 각자는 주기적으로 제자리로 돌아와 차분한 마음으

로 앞을 내다보며 미래를 꿈꾸어야 한다. 꿈을 꿀 때 현실주의자는 이상주의자에게서 영감을 얻고, 이상주의자는 현실주의자에게서 현실적 적응력과 추진력을 배워야 한다. 현실과 이상은 우리 삶에서 동전의 앞뒤처럼 하나이기 때문이다. 꿈을 꿀 때 두 눈을 다 감으면 실현 불가능한 몽상에 젖기가 쉽기 때문에 "중국인은 한쪽 눈을 뜬 채 꿈을 꾼다"라고 한 임어당의 말에도 귀 기울여 보자. 감은 눈으로는 미래를 구상하며 꿈꾸고, 뜬 눈으로는 현실을 직시하라는 뜻이다. 인류는 꿈을 꿀 수 있었기 때문에 갖가지 역경을 슬기롭게 극복하고 찬란한 문화를 꽃 피울 수 있었다. 꿈은 인간의 내면에서 무한한 에너지가 용솟음치게 해 주고, 오늘의 어려움을 즐거운 마음으로 견딜 수 있게 해 준다. 꿈꾸는 자가 현실에서도 힘이 세다.

창의력이 경쟁력이다

21세기 IT 혁명을 이끈 애플의 창업자 스티브 잡스는 살아서도 전설이었지만, 죽어서는 IT업계의 확고한 신화로 자리매김하고 있다. 잡스에 대한 평가는 다양하다. '개인용 컴퓨터(PC) 산업의 개척자이자 사람들이 기술에 대해 생각하는 방식을 바꿔놓은 혁신가', '디지털 시대에 음악과 영화, 모바일 커뮤니케이션이 경험되는 방식을 바꿔 문화 혁명을 주도한 인물', '세상을 새로운 모습으로 재구성한 선구자' 등과 같은 찬사가 이어지고 있다. 그러나 잡스는 열등감과 약점을 많이 가진 평범한 인간이기도 했다. 입양아라는 사실을 부끄러워했고, 무단결석을 밥 먹듯이 하는 문제아였고, 마약을 흡입한 경험도 있고, 동거하던 여자 친구가 낳은 딸에게 양육비도 주지 않은 비열한 인간이기도 했다. 잡스는 보통 사람의 장단점을 모두 가지고 있었지만, 위기를 극복할 수 있는 낙관적 의지와 집중력만은 대단했다. 그는 목표를 달성하는 과정에서 세부적인 것까지 최선의 것을 고집했다. 위기를 기회로 전환시키는 불굴의 의지가 우리로 하여금 그의 삶에 주목하게 한다.

1985년 자신이 설립한 애플에서 해고되었지만, 그는 그 사건을 자기 인생 최고의 사건으로 받아들이며, 초심자의 마음으로 돌아가 최고의 창의력을 발휘했다. 췌장암을 선고 받고도 죽음은 삶이 만든 최고의 발명품이라며 마지막 순간까지 열정적인 삶을 살았다. 잡스의 일대기는 자라는 청소년들에게 많은 것을 시사한다. 그는 공학과 기술과 인문학을 결합시켜 IT 혁명을 주도했다. 그의 창의력은 어디에서 왔을까? 그의 창의력은 독서를 통한 인문학적 상상력을 기술에 접목한 데서 나왔다. 그는 무에서 유를 창조하기보다는 있는 것 중에서 자기가 필요한 것을 찾아내 융합하고 결합하는 능력이 탁월했던 사람이다. 잡스가 자라나는 청소년들에게 던지는 교훈은 인문학적 교양과 상상력의 중요성이다. 세상의 많은 창조는 무에서 나온 것이라기보다는 이미 있는 것에서 발견되는 경우가 많다.

잡스를 꿈꾸는 이 땅의 청소년들에게 스탠 데이비스의 《미래의 지배》를 권하고 싶다. 스탠 데이비스는 아이디어를 얻고, 미래를 읽어내는 방법을 찾아내기 위해서는 다음 사항을 참고하라고 말한다. 첫째, 미래를 내다보는 것은 창조하는 작업이 아니라 발견하는 작업이다. 발견한다는 것은 현재 속에 이미 미래가 존재하고 있음을 말한다. 그는 다른 사람들이 보기 전에 먼저 보라고 강조한다. 미래의 새로운 추세는 갑자기 생기는 것이 아니고, 주변 사례를 찬찬히 살피면서 연관관계를 이해하면 쉽게 찾을 수 있다. 둘째, 아이디어를 얻게 되는 밑천은 독서다. 전공과 비전공의 비율을 50:50으로 하라고 말한다. 신문과 잡지를 몇 종류 읽고 전공과 상관없는 과학기술 분야와 소설을 읽으라고 권한다. 그 다음으로 생소한 분야의 전문가들과 교류하며 조언을 구하고, 대중 강연을 통해 자신의 생각을 가다듬고, 학회에 참석해 새로운 아이디어를 얻으라고 말한다. 마지막으로 그는 사색을 강조한다. 언제 어디서나 본질적인 것 외의 것은 떨쳐버리고 기본적인 것에 초점을 맞추는 생활을 하라고 충고한다. 인간은 사색을 통하여 가장 새롭고도 생산적인 생각을 할 수 있다. 그는 "인생은 복잡하고, 진실은 단순하다"라고 말한다. 잡스는 엄청난 독서가이자 대단한 사색가였다. 그는 어떤 목표가 설정되면 모든 주의력을 한 곳에 집중했다. 잡스는 사색할 때, 목표에 초점〔focus〕을 맞추고는 단순〔simplicity〕해지려고 노력했다. 복잡한 기술도 제품에 응용할 때는 조작이 단순하도록 했다.

그는 대학을 중퇴한 평범한 사람이었지만 독서와 사색, 낙관적인 의지와 집중력을 통해 인류 문명의 새 지평을 연 전설이 되었다. 그가 남긴 몇몇 경구들은 우리 청소년들이 두고두고 경청해 볼 필요가 있을 것이다.

"Think Differently(다르게 생각하라).

Stay Hungry, Stay Foolish

(항상 갈망하고 끝없이 배워라)."

디지털 세상에서 성공하려면

　컴퓨터 때문에 심각한 위기를 느끼는 가정이 늘어나고 있다. 상당수의 아이들이 밥은 굶어도 컴퓨터는 해야 한다. 20% 정도의 학생들이 전문가의 상담과 치료를 받아야 할 정도로 심각하게 컴퓨터에 중독되어 있다는 조사 보고서도 있다. 오로지 자기만의 세계에 갇혀 가족, 친구와 대화를 단절하고, 방 안에만 박혀 사는 학생들도 늘어나고 있다.

　어떤 것을 좋아하는 정도가 도를 넘어, 그것이 만든 가상 세계로 현실을 대체해 버리고 스스로 그 안에 갇히는 사람들을 일본어로 '오타쿠'라 한다. 그들은 현실 세계의 구체적인 삶은 뒤로 한 채 만화, 비디오 게임, 아이돌 스타, 인형

모으기 같은 것들에 병적으로 집착하며 자신만의 세계에 몰두한다.

《오타쿠 가상 세계의 아이들》이란 책은 컴퓨터나 애니메이션 등에 병적으로 집착하는 아이들을 이해하고, 이들을 세상 바깥으로 끌어내는데 도움을 준다. 저자 에티엔 바랄은 일본에서 오래 생활한 프랑스 기자다. 그는 표면적인 안락함에도 불구하고 냉혹한 경쟁에 직면해야 하는 젊은이들이 어른들의 생산 사회에 들어가지 않고, 가상 세계나 유년의 놀이 문화에 남기를 선택하기 때문에 오타쿠가 생겨난다고 진단한다.

심리적 자폐에 가까운 오타쿠, 그들은 일본 사회의 모순이 빚어낸 희생자이자 이탈자라는 것이다. 그것은 개인보다 집단의 이익을 앞세우는 일본 정신과 억압적인 교육 풍토에 학대당한 젊은이들이 스스로 선택한 생존 방식이다. 오타쿠들은 절규한다. "현실보다 상상의 세계가 좋다. 나를 인정해 주지도 않는 사회의 규약들은 지켜서 뭘 하나" 이들의 외침은 한국 사회에도 그대로 적용된다. 저자는 '튀어 나온 못은 두들겨야 한다'는 일본 속담을 상기 시키며 '튀어 나온 못'의 고뇌와 고통은 외면한 채, 그냥 돌출부만 두드려 박아 넣으려는 피상적인 조치는 근본적인 해결책이 될 수 없다고 강조한다. 남의 이야기가 아니다.

오타쿠가 되는 출발점은 대개 컴퓨터다.

"오늘의 나를 만든 것은 하버드 대학이 아니고 도서관의 책이었다. 나는 내 아이들에게 물론 컴퓨터를 사 줄 것이다. 그러나 그보다 먼저 책을 사 줄 것이다"

컴퓨터의 황제 빌게이츠의 이 말을 우리 부모님들은 깊이 새겨들어야 한다. 책을 읽어야 부가가치 높은 콘텐츠를 생산할 수 있다는 말이다. 어른 아이 할 것 없이 우리 모두는 너무 많은 시간을 정보의 쓰레기통을 뒤지는데 허비하고 있다.

영상 매체가 활자 매체에 비해 시각적, 청각적으로 생동감 있게 와 닿는 것은 부정할 수 없다. 문제는 영상 매체가 차지하는 비중이 지나치다는 것이다. 컴퓨터에서 전개되는 영상매체는 사람을 즉흥적으로 반응하게 하고 수동적인 인간이 되게 한다. 책을 읽고 글을 쓰는 행위는 언어의 잠재적 가능성을 확대한다. 문맥상의 틈새를 읽으며 우리는 자신의 지적 깊이와 폭을 확장하게 된다.

그리스 문명은 글쓰기 혁명을 통해 찬란한 꽃을 피우게 되었다. 기원전 7세기 무렵 종이에 해당하는 파피루스가 들어오자, 그리스인들은 그 위에 시와 희곡, 법 조항을 기록

하는 등 글쓰기 붐이 일어났다. 기록이 쌓이면서 도서관이 생겼다. 지식의 축적과 생산이 폭발하면서 민주주의는 세련된 모습을 갖추게 되었다.

민주주의가 생겨나게 한 토론의 광장인 아테네 아고라의 초기 풍경은 천박한 궤변과 거친 공격이 난무하는 혼란한 모습이었다. 글쓰기가 정착되면서 아고라에는 합리적 토론과 논리적 사고가 자리 잡게 되었다. 스쳐지나가는 것이 아니고, 기록으로 남게 될 때 인간은 보다 합리적으로 사고하고 품위 있게 행동한다.

자녀를 둔 가정에서 토, 일 중 하루는 TV와 컴퓨터, 휴대폰 없이 생활하며 자녀와 함께 서점에 나가보고 책 읽는 시간을 가져보자. 디지털 세계에서 성공하기 위해서는 아날로그적인 기초가 튼튼해야 한다. 책을 읽고 사색하며 글을 쓰는 과정을 통해 우리는 정서적, 지적으로 성숙한 사람이 된다.

패자부활전이 가능한 사회

몇 해 전 어느 시민단체 간부로부터 '학벌 없는 사회 구현'을 위한 토론회에 나와서 주제 발표를 해 달라는 부탁을 받았다. 지방대학 출신이지만 일하고 있는 분야에서는 명문대 출신 못잖게 전국구 활약을 하고 있어 나를 선정했다며, 어떻게 학벌 문제를 극복하게 되었는지에 관해 말해 달라고 했다. 다소 황당했지만 속으로 웃으며, 주제 발표를 하는 또 다른 사람은 누구냐고 물었다. 지역의 유명 인사였다. '서울대 폐지의 당위성'에 관해 발표할 예정이라고 했다. 그 이야기를 듣는 순간 토론회에 나가지 않겠다고 했다. 서울대 출신인 그분은 자기 자녀를 서울대에 입학시키기 위해, 주말마다 아이를 비행기에 태워 서울로 과외 수업 받으러 보냈다는 사실을 내가 잘 알고 있었기 때문이다. 그분이 '학벌 커넥션에 따른 패거리 문화의 극복과 패자부활전이 보장되는 사회' 같은 주제를 발표한다고 했다면, 비록 우스운 조연일지라도 나는 기꺼이 그 토론회에 나갔을 것이다.

만약 그 토론회에 나갔다면 청중들의 반응이 어떠했을지는 쉽게 상상할 수 있다. 내가 서울대를 폐지해야 한다고 주장하면, 일부 청중들은 자기가 못 들어갔으니 그렇게 말한다고 생각했을 것이다. 그러나 서울대 출신의 지역 명사가 서울대를 폐지해야 한다고 주장하면, 청중들은 서울대 출신이면서도 서울대 폐지를 주장하다니 참으로 훌륭한 분이라고 생각했을 것이다. 밖에서는 서울대 폐지 운동을 하고, 집에서는 아이를 그 대학에 보내기 위해 고액과외 시키는 모습을 상상하면 씁쓸하기 그지없다. 우리는 역대 정권 고위 관리들 중 일부가 공적인 장소에서는 특목고 폐지를 주장하면서 자기 아이는 특목고에 보내고, 특목고 진학에 실패하면 조기 유학 보낸 사례들을 잘 알고 있다.

아이를 명문대에 보내려는 부모의 마음과 노력을 천박하다고 이야기해서는 안 된다. 가능하다면 학창시절 열심히 공부하여 명문대에 가는 것이 바람직하며, 명문대를 졸업

하면 살아가는 과정에서 유리한 점이 많다고 집 안과 밖에서 당당하게 이야기해야 한다. 자녀가 명문대에 입학한다면 열심히 공부하여 꿈을 실현하고, 사회가 기대하는 책임과 의무를 다하라고 가르쳐야 한다. 명문대 진학을 못했을 경우에는 멀리보고 꾸준히 노력하면 언젠가는 꿈꾸는 바를 이룰 수 있다고 말해 주며, 지속적인 지원과 격려를 아끼지 말아야 한다. 왜 집 밖에서는 학벌 없는 사회를 주장하면서 자기 아이에게는 명문대 진학을 가혹하게 강요하는가, 명문대를 나올 경우 비정상적으로 누릴 수 있는 유무형의 이점과 특권을 너무나 잘 알고 있기 때문에, 기득권자들은 기를 쓰고 자기 아이를 명문대에 보내려고 하는 것이다.

홈런왕 베이브 루스는 1,330번 삼진 아웃 당했고, 링컨 대통령은 지방의회의원, 상하원의원, 부통령 등 거의 모든 선거에서 낙선했으며, 토크쇼의 여왕 오프라 윈프리는 십대에 임신을 했고, 마약에 찌들어 20대를 보낸 경험이 있다. 《해리 포터》시리즈로 세계적인 거부가 된 조앤 롤링은 무명시절, 이혼한 싱글맘으로 우울증과 싸우며 절망적인 시간을 보냈다. 세계적인 거장 스티븐 스필버그 감독은 영화제작 공부를 하려고 대학에 지원했지만, 성적이 나쁘고 둔하게 생겼다는 이유로 낙방했다. 이들 모두는 참담한 실패와 좌절을 딛고 재기에 성공했다.

　최근 하루가 멀다 하고 발생하는 막가파식 범죄를 보며, 그 원인과 해법에 대한 다양한 의견들이 쏟아져 나오고 있다. 우리 사회는 한 번 실패하여 주류에 편입하지 못하면 재기하기가 너무 어렵다. 왕따와 소외, 해고와 파산 등으로 낙오하고 실패한 사람들의 좌절이 만성화되고, 그들에게 다시 일어날 수 있는 기회가 주어지지 않는 사회구조가 무차별적인 범죄나 자살률 증가의 원인이 되고 있다. 또한 중산층이 계속 붕괴되어 계층구조가 취약해지고 갈등지수가 높아지면 사회 안정은 위협받을 수밖에 없다. 배운 자들이 독점적 이익을 유지하기 위해 학벌 카르텔을 강화하고, 가진 자들이 재물을 지키기 위해 더욱 견고한 금고를 만드는 데 투자하는 경비를 어려운 사람들의 재기를 위해 쓸 줄 알아야 한다. 패자부활전이 보장되어야 사회는 활력과 안정을 유지할 수 있기 때문이다.

역사 발전과 변증법

　헤겔 변증법의 관점에서 5.16을 생각해 본다. 5.16 쿠데타를 일으키면서 박정희 대통령은 그것만이 구국의 길이라고 생각했을 것이다. 박 대통령에게 5.16은 그 당시 사회가 안고 있는 다양한 모순을 극복하는 새로운 '합'이었을 것이다. 그렇게 탄생한 군사정권은 시간이 흐르면서 독점재벌의 육성, 빈부격차, 인권유린과 같은 수많은 모순과 문제점을 드러냈다. 그 당시 반독재·민주화 운동을 주도하던 사람들은 모순과 부조리의 총체인 군사정권은 반드시 타도되어야 한다는 확신을 가지고, 완전히 새로운 민주 국가를 건설하기 위해 격렬하게 투쟁했다. 특히 대립, 모순, 투쟁, 부정 등을 핵심 용어로 사용하는 유물변증법을 혁명의 무기라고 생각한 사람들은 바람직한 미래란 '과거와의 치열한 투쟁'을 통해서만 도래한다고 믿었다.

헤겔 변증법에서 세계는 끊임없이 유동하고 발전한다. 만물은 끊임없는 변화의 과정에 있으며 그 변화의 원인은 내부적인 자기부정, 즉 모순에 있다고 본다. 어떤 사물이나 제도, 명제, 개념 등에서 모순이 드러나지 않은 상태를 '정正'이라 하고, 모순이 드러난 상태를 '반反'이라 한다. 만물은 그 모순을 해결하는 방향으로 운동하여 새로운 '합合'의 상태로 발전한다. 이렇게 형성된 '합'은 다시 새로운 '정'이 되고, 이 '정'은 시간이 흐르면 다시 모순이 드러난 '반'이 된다. 만물은 최고의 지점에 도달할 때까지 이와 같은 정반합의 변화 과정을 계속한다.

변증법에서 모순이 드러나지 않은 '정'의 상태에서 모순이 드러나 '반'에 이르는 과정을 '부정'이라 하고, 그 모순을 극복하고 새로운 '합'에 이르는 과정을 '부정의 부정' 혹은 '변증법적 지양'이라 부른다. 여기서 지양止揚은 독어로 아우프헤벤Aufheben을 말하는데, 이 단어는 '부정하다'와 함께 '보존·유지하다'라는 뜻을 동시에 가지고 있다. 어떤 명제에 모순이 드러날 때 그 명제를 무조건 폐기 처분하

는 것이 아니라, 그 명제가 가지는 긍정적이고 좋은 것은 그
대로 보존·유지하면서, 드러난 모순만 부정하는 것이 진정
한 변증법적 지양이다. 지난 시절 지양(Aufheben)의 의미 중
에서 우리는 '부정하다'만 주로 받아들였다. '보존과 유지'
의 의미는 제대로 몰랐거나 알아도 외면했다. 그러다 보니
변증법은 늘 과격한 모습을 띠었다. 마음에 안 들면 무조건
부정했다. 그런 풍토 속에서는 생산적인 대화나 토론 문화
가 정착될 수 없었다. 아우프헤벤의 관점에서 볼 때 만물의
현재 모습에는 과거의 모든 단계가 다 녹아 있다. 5.16을 면
밀히 살펴보면서 절대빈곤의 해소와 산업화에 기여한 순기
능적인 측면은 살리고, 국가 발전의 장기적 성장 동력이 되
는 도덕성과 민주적 절차의 무력화, 독점재벌의 횡포, 인권
유린 같은 역기능은 부정하고 극복해야 한다.

　독창적인 헤겔 해석으로 유명한 철학자 슬라보에 지젝은
헤겔 변증법에서 우리가 놓치고 있는 부분을 탁월하게 다
시 풀이해 준다. 그는 변증법을 통해 도출된 '합'은 정과 반
의 모순 해결을 통해 창조된 완전히 '새로운 진리'가 아니
라, '정을 품은 반, 반을 품은 정'이면서 동시에 '정도 반도
아닌' 합이라고 주장한다. 지젝의 말을 SF 공포 영화 〈에일
리언〉에 비유해서 설명하는 학자도 있다. 에일리언은 인간

의 몸을 숙주宿主로 번식하는 괴물이다. 에일리언이 침투한 인간은 인간이면서 에일리언이고, 에일리언이면서 인간이며, 동시에 인간도 에일리언도 아닌 존재다. 만물은 서로를 숙주 삼아 치열한 변증법적 논쟁의 과정을 거치면서 방향을 바로 잡고 발전한다.

정치의 계절이다. 여당 후보 A를 정으로 야당 후보 B를 반이라 생각해 보자. 우리는 변증법을 공부하지 않아도 A후보의 주장에 B후보의 주장이 들어 있고, B의 약점이 A에게도 있다는 사실을 안다. 우리는 이들이 서로를 숙주 삼아 치열한 변증법적 논쟁의 과정을 거치면서 더 발전한 형태의 정치를 생산하길 소망한다. 에일리언에게 침투당한 인간처럼 괴상한 괴물이 태어나게 해서는 안 된다. 정치가 올바른 방향으로 나아가도록 감시하고 비판하며, 심판하는 사람인 유권자들의 의무와 책임도 다시 생각해 보아야 한다.

한 손에는 책을 든 정치인

　러시아 혁명이 한창 진행되고 있을 당시, 레닌이 어느 날 청년 동지들과 함께 다방에 들어갔다. 마침 베토벤 음악이 흘러나오고 있었다. 한 청년 동지가 못마땅해 하며 불만을 토로했다. "이 더러운 세상에 저런 음악이 왜 필요합니까?" 일행은 레닌을 바라보며 그 불평에 동의하는 말이 나오리라고 예상했다. "세상이 더러우니 저런 아름다운 음악이 필요한 것 아닌가?" 뜻밖의 대답에 모두가 놀랐다. 또 다른 청년이 질문을 했다. "선생님, 지금 우리는 누구의 시를 읽어야 합니까?" 열렬한 혁명 시인으로 유명한 마야콥스키의 시를 읽어라 할 줄 알았다. "푸시킨을 읽어 보게." 부르주아 낭만주의 시인으로 비판받는 푸시킨을 읽으라는 말에 그들은 또 한 번 놀랐다. 사회주의 리얼리즘의 이론적 배경이 된 엥겔스의 《발자크론》이나 레닌의 《톨스토이론》을 읽어보면, 차갑고 냉정한 사람처럼 보이는 그들이 얼마나 문학에 조예가 깊었는가를 알게 된다. 예민한 감성과 낭만적 열정이 있어야 혁명도 할 수 있다.

루소는 두 얼굴을 가진 인물이었다. 계몽주의자 루소는 이성과 합리성의 기치를 내걸고 프랑스 혁명의 이론적 기초를 제공했다. 다른 한편 낭만주의자 루소는 이성과 합리성이라는 고루한 틀에서 벗어나 "자연으로 돌아가라"고 외쳤다. 유럽 지성계를 지배하던 계몽주의의 합리성을 거부하고 자연, 감성, 인간의 개성 등을 찬양하며 독일의 질풍노도 시대를 이끌었던 괴테와 실러는 계몽주의자가 아닌 낭만주의자 루소의 영향을 받았다.

마오쩌둥은 전쟁 중에도, 장제스에게 쫓기면서도, 책 읽기를 소홀히 하지 않았다. 마오는 관심 있는 책은 곁에 두고 동그라미를 치고 밑줄을 그으며 여러 차례 반복하여 읽었다. 그는 특히 루쉰 전집을 좋아해서 숨을 거두기 9분 전까지도 읽었다고 전한다. 마오는 자신이 읽은 책을 정리하고 평가하는 습관을 가지고 있었다. 그는 고전 작품을 많이 읽었고 수많은 평론을 썼다. 고전에 나오는 문구를 현실에 적용하거나 타인과의 대화나 연설문에 자주 인용하였다. 그는 60세에 영어 공부를 시작했다. 마오는 집, 집무실, 별장 등 그가 머무르는 모든 곳에 서재를 만들었다.

베트남 사람들에게 누구를 가장 존경하느냐고 물으면 어른 아이 할 것 없이 호찌민이라고 답한다. 그는 비천한 출신이었다. 그는 머슴으로 일하다가 마을 선생님의 딸과 결혼하고 나서 배움의 열정을 불태웠다. 그가 남긴 "자유와 독립보다 소중한 것은 없다. 나를 이끈 것은 공산주의자가 아니라, 애국심이었다. 민중이 이해할 수 없으면 그것은 더 이상 혁명적 이론이 될 수 없다. 혁명을 하고도 민중이 여전히 가난하고 불행하다면 그것은 혁명이 아니다"는 말은 유명하다. 공산주의자라기보다는 국민을 사랑한 민주주의자라고 불러도 무방한 호찌민은 정규 교육을 받지 못했지만, 여행과 독서로 영혼을 살찌우며 국민을 진정으로 사랑하는 정치가가 되었다. 그가 다산의 《목민심서》를 정독했다는 사실은 그의 독서 범위를 짐작하게 한다.

정치판이 혼탁하다. 공자는 《논어》〈위령공편〉에서 "뭇사람이 싫어하는 것도 반드시 살펴보아야 하고, 뭇사람이 좋아하는 것도 반드시 살펴보아야 한다〔衆惡之必察焉 衆好之必

察焉〕"라고 제자들에게 충고하고 있다. 우리는 아무 생각 없이 특정인을 무턱대고 좋아하거나 싫어해서는 안 된다. 어느 누구든 냉정한 시선으로 바라보아야 한다. 정치, 대중문화, 스포츠 등 모든 분야에서 일어나고 있는 맹목적이고 무조건적인 열광에는 자기학대, 자기도피의 심리가 개입되어 있다는 심리학 이론을 기억해 볼 필요가 있다. 자신이 열광적으로 지지하고 싶은 인물일수록 더욱 냉정하게 바라볼 필요가 있다.

애국심이 충만해 있으면서도 국민에게 수준 높은 감동을 줄 수 있는, 늘 한 손에는 책을 들고 다니는, 차가운 머리와 뜨거운 가슴의, 낭만적 열정이 가득한 정치인을 기대해 본다.

정치와 언어

말을 함부로 다루고 박해하면 결정적인 순간에 그 말에게 복수를 당한다. 이솝 우화 〈양치기 소년과 늑대〉에서 소년은 '늑대가 왔다'는 거짓말로 사람들을 불러 모으는 장난을 쳤다. 여러 차례 속은 사람들은 진짜 늑대가 나타났을 때는 아무도 오지 않았다. 어느 철학자는 소년이 거짓말 때문에 벌을 받은 것이 아니라, 소년의 입에서 학대당한 '늑대가 온다'는 말이 복수를 한 것이라고 풀이했다. 첫째, 말은 현실을 만들어 내며 둘째, 그 현실 안에서 말은 스스로 무력해져 버린다. 늑대가 나타난 것이 첫 번째 증거고, 늑대가 나타난 현실 앞에서 사람들이 소년의 외침에 전혀 움직이지 않은 것이 두 번째의 증거라는 것이다.

어떤 노인이 빵을 훔치다가 잡혀 와서 법정에 섰다. 판사가 왜 빵을 훔쳤느냐고 묻자 노인은 눈물을 글썽이며 사흘을 굶고 나니 아무것도 보이지 않았다고 대답했다. 판사는 한참 생각에 잠겼다가 빵을 훔친 것은 절도 행위이므로 벌금 10달러에 처한다는 판결을 내렸다. 그리고 "그 벌금은 내가 내겠습니다. 그동안 내가 좋은 음식을 너무 많이 먹은 죄에 대한 나 스스로의 벌금입니다"라고 말하며 판사는 자기 지갑에서 10달러를 꺼냈다. 판사는 이어서 "이 노인이 법정을 나가면 또 빵을 훔치게 되어 있습니다. 그러니 여기 오신 여러분들 중에서 그동안 좋은 음식을 많이 드셨다고 생각하시는 분은 조금이라도 기부해 주십시오"라고 말했다. 감동을 받은 방청객들은 지갑을 열어 모금에 동참했다. 1920년 당시 돈으로 47달러가 걷혔다. 훗날 뉴욕 시장을 세 번이나 연임한 F.H. 라과디아 판사의 이야기다. 라과디아 판사가 '좋은 음식을 먹은 죄'라는 말 대신에 '불우 이웃 돕기' 또는 '불쌍한 노인 돕기'라는 표현을 했다면 노인의 자존심을 상하게 했을 것이고, 방청객의 감동과 공감을 불러일으키지 못했을 것이다.

언어 철학자 루드비히 비트겐슈타인은 "내 언어의 한계

가 내 세계의 한계다"라는 표현으로 자신의 언어 철학을 전개했다. 인간은 일상적으로 사용하는 언어로는 어떤 것을 설명하는데 한계를 느끼는 경우가 많다. 이럴 경우 다른 방식으로 자신의 생각을 표현한다. 수학은 기호를 사용한 논리 체계이므로 그 본질은 언어와 같다고 할 수 있다. 인간의 한계는 수학과 같은 지적 매체의 개발에 의해 확장이 가능하다. 이렇게 인간은 언어적, 비언어적인 모든 요소를 동원하여 자신의 의식을 확장해 왔다. 비트겐슈타인의 말은 '내 언어의 한계를 확장하면 내 세계를 확장할 수 있다'는 의미다. 정치인은 구사하는 언어로 자신의 의식 수준과 세계관의 한계를 유권자에게 보여준다.

정치란 말의 예술이다. 사회적 갈등과 대립을 대화와 토론을 통해 해결하고, 국민에게 상아탑 속의 이론이 아닌 실현 가능한 비전을 제시하라는 정치 본연의 임무를 말할 때 자주 언급하는 말이다. 정치판에 범람하는 품격이 떨어지는 말들은 우리로 하여금 식욕을 잃게 한다. 말의 품위는 정치의 품위를 나타낸다. 작금의 정치판을 바라보면 어느 쪽이나 품격과 품위와는 거리가 멀다. 차별화된 철학이나 전략도 없이 오만과 독선, 냉소와 독기가 가득한 말들만 오간다. 국민은 극단적인 우파에 절망하고, 세상물정 모르는 좌파에 좌절하고 있다.

해체주의 철학자 자크 데리다는 "이제 의미는 언어를 떠나버렸다. 말과 뜻이 따로 놀고 문자와 대상이 겉돌고 기호와 지시물 사이에 틈이 났다"라고 했다. 정치가의 말과 실제 속뜻이 따로 놀아서는 안 된다. 정치는 말과 타이밍의 결합이다. 정치가의 말엔 원칙의 나열보다는 구체적인 수단이 담겨 있어야 한다. 국민은 국민이 원하는 것을 헤아리는 진정성 있는 말을 기다린다. 우리 민족의 심리 근저에 자리 잡고 있는 들끓기 쉬운 정서를 악용하여, 선정적인 언어로 군중의 분노와 증오를 부추겨 집단적 광기를 증폭시키며, 다양한 극단주의를 확대재생산해서는 안 된다. 천박한 언어는 사람의 심성을 황폐하게 만들며 영혼을 병들게 한다. 높은 단계의 민주화란 정치적 수사학의 진화를 의미한다. 정치인이 함부로 내뱉고 학대한 말들의 복수로 국민이 화를 입지 않을까 두렵다.

지식인의 역할

프랑스 육군 포병 대위 알프레드 드레퓌스는 독일 국경과 가까운 알자스 지방에서 유대인으로 태어났다. 그는 온갖 인종적 모욕을 당하며 자랐지만 조국 프랑스에 대한 사랑과 군에 대한 충성심은 어느 누구도 따를 수 없었다. 그러나 그는 간첩 사건과 관련하여 반역죄를 뒤집어쓰고 유죄 판결을 받은 후 프랑스령 '악마의 섬'으로 유배당했다. 이유는 그가 유대인이기 때문이었다. 역사학자 바브라 투흐만이 '역사상 위대한 소동'의 하나라고 규정한 '드레퓌스 사건'의 개요다.

2년 뒤, 이 사건이 세상 사람들에게서 잊힐 무렵, 당시 촉

망받던 젊은 장교였던 조르쥬 피카르 소령이 개인적으로는 드레퓌스를 좋아하지 않지만, 무고한 사람이 억울한 누명을 쓰고 고통을 당하는 것을 그대로 두어서는 안 된다는 신념 때문에 자신의 출세와 안전까지 버리고 상관들과 충돌했다. 양심적인 공화주의자, 문인, 법률가들은 재심을 요구했다. 주로 인종적 순혈주의자와 맹목적 애국주의자들로 구성된 극우파들은 비록 조작되었다 할지라도 군의 위신을 실추시키고 국가 방위력을 약화시킬 수 있는 재심은 안 된다고 주장했다. 〈피가로〉지는 드레퓌스는 결백하며 진범이 따로 있다는 보도를 했다.

《나나》, 《목로주점》의 작가 에밀 졸라는 양심 세력들이 어려움에 처해 있던 1897년 1월 13일 〈로로르〉지에 '나는 고발한다'라는 글을 발표했다. 가장 감동적인 대목 한 곳을 다시 읽어본다. "나는 궁극적 승리에 대해 조금도 절망하지 않습니다. 더욱 강력한 신념으로 거듭 말합니다. 진실이 행군하고 있으며, 아무도 그 길을 막을 수 없음을! 진실이 지하에 묻히면 자랍니다. 그리고 무서운 폭발력을 축적합니다. 이것이 폭발하는 날에는 세상 모든 것을 휩쓸어 버릴 것입니다"

이날 〈로로르〉지는 30만 부가 팔렸다. 전 세계에서 3만여

통의 편지와 전보가 날아와 졸라의 글을 지지하며 경의를 표했다. 마크 트웨인은 〈뉴욕 헤럴드〉지에 "겁쟁이, 위선자, 아첨꾼들은 한 해에도 백만 명씩 태어난다. 그러나 잔다르크나 졸라 같은 인물이 태어나는 데는 5세기가 걸린다"라고 썼다. 에밀 졸라를 비롯한 재심 요구자들은 프랑스의 토대, 프랑스의 기초는 공화국의 이념을 구현하는데 있으며, 공정한 재판, 정의, 진실, 인권의 존중에 기초하지 않은 국가 방위는 국가를 위해 아무런 도움도 되지 않는다고 주장했다.

70, 80년대 험난한 시기를 거쳐 오면서 우리나라에도 무수한 저항 작가, 지식인, 투사들이 나왔다. 그들은 이 땅의 민주화를 오늘 여기까지 진전시키는데 중요한 역할을 했다. 그러나 1989년 베를린 장벽이 무너지고, 그 후 소비에트 연방의 해체와 함께 냉전이 종식되면서 그들은 각자의 길을 찾아 흩어졌다. 일부는 기존 정치권에 편입되기도 했다. 오늘의 정치판에는 많은 문학예술인, 지식인들이 참여하고 있다. 저항과 투쟁의 목표가 분명하던 시절 서로 뭉치고 단결하던 그들이 이제는 진영이 다르다고 옛 동지를 저속한 방법으로 비방하고 있다. 그들은 자신의 행동이 정치, 경제 민주화와 사회적 약자를 위한 선택이라고 주장한다.

누구의 말도 한발 물러서서 생각해 보면 크게 설득력이 없다. 개인의 영달과 치부를 염두에 둔 정치 참여라는 인상을 지울 수가 없기 때문이다.

"지초와 난초는 매우 깊은 수풀에서 자라지만, 사람이 없더라도 자신의 향을 풍긴다. 군자가 도를 닦고 덕을 세우는 데 곤궁하다고 해서 절개를 꺾어서는 안 된다〔芝蘭生於深林 不以無人而不芳 君子修道入德 不以困窮而改節〕"라는 《공자가어孔子家語》에 나오는 말을 떠올려 본다. 나는 이 말을 하는 사람이나 들어야 하는 사람 모두 드레퓌스 사건과 에밀 졸라를 다시 공부해 보라고 권하고 싶다. 졸라의 말처럼 진실은 지하에 묻혀도 자란다. 지식인은 역사의 어떤 순간에도 부끄럽지 않도록 처신해야 한다.

꿈이 현실을 이끈다

"저의 작은아버님이 장관이셔요. 어디를 가면 쌀 한 가마가 없겠어요? 하지만 긴긴 인생에 이런 일도 있어야 늙어서 얘깃거리가 되잖아요. 잔잔한 미소를 지으면서 이렇게 말하는 아내 앞에 남편은 묵연默然할 수밖에 없었다. 그러면서도 가슴 속에는 형언 못 할 행복감이 밀물처럼 밀려왔다."

오랫동안 국어 교과서에 실려 있었던 김소운 선생의 수필 〈가난한 날의 행복〉에 나오는 어느 시인 부부의 이야기다. 이 수필은 많은 사람들의 사랑을 받았다. 그러나 삼촌이 장관이어서 마음만 먹으면 쌀을 구할 수 있는 젊은 부부가 늙어서 얘깃거리를 위해 일부러 고구마로 끼니를 때우는 이야기는 정말 가난한 사람을 모독하고, 가난을 터무니없이 미화하고 희화화한다는 비판을 받기도 했다. 맞는 말이다. 시인 부부는 가난을 낭만적으로 즐기고 있다. 온종일 온 천지를 돌아다녀도 단돈 천 원, 쌀 한 홉도 구할 수 없는 사람들의 처참하고 절박한 심정을 세상물정 모르는 그들이 짐작이나 할 수 있을까.

제레미 리프킨의 《유러피언 드림》에 "EU는 부의 축적보다 삶의 질을 중시하고, 개인의 자유보다는 공동체를 앞세우며, 무한 성장보다는 지속가능한 성장을 추구하기 때문에 앞으로 아메리칸 드림을 넘어 세계 역사를 선도해갈 것이다"라는 대목이 있다.

'아메리칸 드림'은 성공하기 위해 개인에게 주어진 무한한 기회를 강조한다. 미국인들에게 성공이란 물질적인 부를 의미한다. 아메리칸 드림은 개인의 물질적 성취를 지나치게 강조하고 리스크, 다양성, 상호 의존성이 증가하는 세계에 부응하는 더 넓은 사회복지에는 전혀 관심을 두지 않는다고 리프킨은 비판한다. 아메리칸 드림을 고스란히 뒤집은 것이라 할 수 있는 '유러피언 드림'은 개인의 자유보다 공동체 내의 관계를, 동화보다는 문화적 다양성을, 부의 축적보다는 삶의 질을, 무제한적 발전보다 환경보존을 염두에 둔 지속 가능한 개발을, 무자비한 노력보다 온전함을 느낄 수 있는 '심오한 놀이'(deep play, 완전한 몰입을 통해 삶의 의미를 깨닫고 희열을 느낄 수 있는 활동)를, 재산권보다 보편적 인권과 자연의 권리를, 일방적 무력행사보다 다원적 협력을 강조한다. 리프킨이 말하는 유러피언 드림은 우리가 생각할 수 있는 이상향을 거의 망라한 것이라고 할 수 있다.

　일부 사람들은 최근 침체에 빠진 유럽을 보며 유러피언 드림은 빨리 빠져나와야 하는 백일몽이라고 비웃기도 한다. 현재 유럽은 극심한 불황에 빠져 있고, 이에 뒤따르는 각종 사회적 갈등에 제대로 대처하지 못하는 것도 사실인 것처럼 보인다. 심지어 절망적인 파시즘이 준동할 기미마저 엿보인다. 그럼에도 불구하고 전 지구적 불황, 민족적 갈등, 국가 간 전쟁, 환경 파괴 등 총체적 위기를 목도하고 있는 우리에게는 리프킨이 '유러피언 드림'이라고 부르는 그 꿈의 내용이 너무 와 닿는다. 보다 정의롭고 지속가능한 미래를 만들기 위해서는 유러피언 드림이 아메리칸 드림보다 더 나은 것은 분명하다.

　프로이트는 '꿈은 소원 성취'라고 말한다. 꿈을 꾼다는 것은 본능과 무의식이 마음속에 갈구하는 것을 머릿속에서 실제 성취하고 있다는 것이다. 꿈을 통해 머릿속에서 먼저 성취를 맛보아야 그 꿈은 보다 쉽게 구체적 현실로 구현될 수 있다. 경제민주화와 보편적 복지 공약은 누구에게나 소중한 꿈이고 이상이다. 내 삶이 고단하지 않다고 젊은 시인 부부처럼 말을 함부로 쉽게 해서는 안 된다. 간절히 소망하며 그 꿈의 실현을 위해 노력해 보지도 않고 실현 불가능을 먼저 이야기하는 것도 옳지 않다. 먼저 꿈을 꾸고, 그 꿈이 현실을 이끌어가게 하자.

왜 '청렴과 정직' 인가

가장 오래된 성문법인 고대 바빌로니아의 함무라비 법전에 "뇌물로 곡물 또는 금전을 받았다는 증거가 있으면 처벌한다"라는 조항이 있다. 공직자의 부정부패는 인류 역사와 더불어 항상 사회적 문젯거리였고, 그것을 막으려는 온갖 방법이 동원되었다. 어느 시대를 막론하고 깨끗한 공직자는 드물었기 때문에 청빈을 실천한 관리는 두고두고 만인의 칭송을 받았다. 조선의 청렴한 관료들은 '사불삼거四不三拒'를 불문율로 삼았다. '부업을 하지 말라, 땅을 사지 말라, 집을 늘리지 말라, 재임지의 명산물을 먹지 말라'가 사불四不이고, '윗사람의 부당한 요구를 거절하라, 청을 들어준 것

에 대한 답례를 거절하라, 경조사 부조를 거절하라'가 삼거
三拒다.

조선 영조 때 호조 서리를 지낸 김수팽은 전설적인 아전
이다. 그는 청렴하고 강직해 숱한 일화를 남겼다. 호조 판
서가 바둑을 두느라 공문서 결재를 미루자, 대청으로 올라
가 바둑판을 뒤엎었다. 그러고는 마당에 내려와 죽을죄를
지었지만 결재부터 해 달라고 했다. 판서는 죄를 묻지 못했
다. 김수팽의 동생도 아전이었다. 어느 날 동생 집에 들렀
는데 마당 여기저기에 염료통이 있었다. 동생의 처가 염색
을 부업으로 하고 있다는 말을 듣고, 그는 염료통을 모두
엎어버리고 동생을 매로 쳤다. "우리가 나라의 녹을 받고
있는데 부업까지 한다면 가난한 사람은 뭘 해 먹고 살란 말
인가?"라며 호통을 쳤다.

풍기 군수 윤석보는 아내가 시집올 때 가져온 비단옷을
팔아 채소밭 한 뙈기를 산 것을 알고는 사표를 냈다. 대제
학 김유는 서울 죽동에 집이 있었다. 집이 너무 좁아 아들
들이 처마 밑에 자리를 펴고 거처할 정도였다. 그가 평안
감사로 나가 있을 때 장맛비에 처마가 무너지자, 아들이 집
을 수리하면서 아버지 몰래 처마를 몇 치 더 내었다. 후에
이를 알고 김유는 더 달아낸 처마를 당장 잘라내게 했다.

그는 지붕 처마조차 한 치도 늘이지 못하게 했다. 조오는 합천 군수로 있을 때 고을 명물인 은어를 입에 대지 않았다. 기건은 제주목사로 있을 때 그곳 명물인 전복을 한 점도 먹지 않았다.

중종 때 정붕이 청송부사로 있을 때, 당시 영의정 성희안이 청송의 명산물인 꿀과 잣을 보내달라고 부탁했다. "잣나무는 높은 산 위에 있고 꿀은 민가의 벌통 속에 있으니 부사된 자가 어떻게 얻을 수 있겠습니까?"라고 답하자 영의정이 그에게 사과했다. 사육신 박팽년이 친구를 관직에 추천했는데, 친구가 답례로 땅을 주려하자 당장 땅을 찾아가든지, 관직을 내놓든지 선택하라는 전갈을 보냈다. 현종 때 우의정 김수항은 아들이 죽었을 때 무명 한 필을 보낸 지방관을 벌했다. 이런 사례들은 읽을수록 머리를 맑게 하고 세상을 긍정하게 해 준다.

1970년 시인 김지하는 일부 몰지각한 고관대작들이 부정축재로 고급 저택을 지어 놓고 호화생활을 하는 것을 보고 담시譚詩 〈오적五賊〉을 발표했다. 재벌, 국회의원, 고급공무원, 장성, 장차관의 부정부패를 전통적 해학으로 풍자한 이 시는 많은 사람들에게 카타르시스와 함께 저항 의식을 고취시켰다. 수십 년의 세월이 흐른 지금 우리 사회가 엄청나게 맑고 깨끗해졌다고 하지만, 사회지도층의 도덕성은 그때보다 별로 나아진 것처럼 보이지 않는다. '사불삼거'를 절반이라도 지킨 사람은 드물고, 개발독재 시절의 부패 방식은 그대로 유지되면서 위장전입, 부동산투기, 불법 증여, 논문표절 같은 항목들이 새로 보태진 느낌이다.

　최고위 공직자는 모든 면에서 모범이 되는 인물이어야 한다. '인사가 만사'라는 말이 왜 나오는지를 진지하게 생각해 보아야 한다. 지도층의 청렴과 정직은 정권의 성패를 좌우할 뿐만 아니라, 가장 확실한 국가 경쟁력이다.

이미지 중독과 국가 안보

세계 식민지사에 유례가 드물 정도로 혹독한 지배를 받았던 일제 강점기, 해방 후의 좌우 혼란과 6.25 동족상잔, 유신체제와 5공화국 등을 거치면서 우리는 수많은 불안과 공포, 위기를 마주하며 살아왔다. 헤쳐 나갈 방법이 막막할 때마다 체념과 달관을 위해 우리는 '설마', '한 구디이(구덩이)', '나만 그러나'를 개인적, 집단적으로 되뇌며 극한의 상황들을 덜 고통스럽게 넘어가려고 애썼다. 이런 태도는 일상생활에까지 이어지고 있다. 안전벨트를 매지 않고도 '설마' 사고가 날까라고 생각하며 불안해하지 않는다. 정원을 초과한 배나 버스를 타면서 잘못된다 해도 '한 구디이'

에 다 같이 빠져 죽는다고 생각하면 마음이 편안해지는 호기가 생겨난다. 시험 점수가 나쁘다고 불같이 화를 내다가도, 아이가 '나만 그러나' 우리 반 아이들 다 못 쳤다 하면 마음이 풀린다.

〈뉴욕 타임즈〉는 북한의 극단적인 위협에도 대다수 한국인은 전쟁 위협을 느끼지 않는다는 기사를 내보낸 적이 있다. 김정은 정권이 '한반도 전시상태'를 선포하며 남한과 미국을 핵으로 공격하겠다고 위협하고, 남한 대통령은 북한이 도발할 경우 즉각 응징하겠다는 단호한 입장을 밝혀 전쟁 위험이 고조되고 있지만, 평상시와 별로 달라진 것이 없어 보이는 한국인들이 그들에겐 이해가 잘 안 되는 모양이다. 핵전쟁의 위험 앞에서도 생필품 사재기 같은 동요를 전혀 보이지 않고, 오히려 북한의 위협을 완전히 무시하는 것 같은 모습도 놀랍다는 표정이다.

아사 직전에 있는 아프리카 난민의 참혹한 모습을 처음 볼 때는 엄청난 충격을 받게 된다. 그러나 비슷한 장면을 계속 보게 되면 감각이 둔해지고 무덤덤해진다. 폭력과 살인을 다룬 영화를 반복적으로 접하면 실제로 일어난 폭력과 살인사건을 별 충격 없이 받아들이게 된다. 비슷한 장면을 되풀이해 봄으로써 신선함과 충격이 사라지게 되는 현상을 '이미지 중독'이라 부른다. 이런 관점에서 보면 우리 대다수는 이미지 중독 상태다. 휴전협정이 체결된 이후 끊임없이 전쟁 발발의 위험 속에 살았기 때문에 이제 이골이 났다고 말한다. 사건 하나하나에 민감하면 잠시도 살 수 없다는 것이다. 한국인의 이런 태도는 산전수전 다 겪은 자만이 이를 수 있는 무심의 경지라고도 말한다. 남들 눈에도 이상하게 보이는 현재의 평온과 평정은 상시적인 위기가 만들어 낸 이미지 중독, 경제 성장이 가져다준 물질적 풍요와 개인주의, 북한과 전쟁해도 무조건 이길 수 있다는 맹목적 낙관주의 등이 복합적으로 작용한 현상일 것이다.

짖는 개는 물지 않고, 목청 높여 외치는 자는 공격하지 않는다고 말한다. 그러나 전쟁은 항상 상대에 대한 오판과 우발적이고 우연적인, 비이성적 요인에 의해 발발하는 경우가 많다는 사실을 역사는 보여주고 있다. 남한의 군사력이 형편없고, 서울이 38선에서 가깝고, 남침하면 남로당 지지 세력들이 봉기할 것이기 때문에, 전쟁을 단기간에 끝낼 수 있다는 오판을 하지 않았다면 북한은 6.25남침을 감행하지 않았을 것이다. 그런 오판을 했다 해도 남한 사회가 국론이 분열되지 않고 똘똘 뭉쳐 있었더라면 전쟁은 일어나지 않았을지 모른다.

우리는 압축적 경제성장을 통해 비교적 단기간에 물질적 풍요와 안락을 성취했다. 지난날의 고통이 너무나 가혹했기 때문에 어두웠던 과거를 빨리, 완전히 잊고 싶었다. 문제는 자의든 타의든 온실 속의 화초가 되면 외적 위험에 대처할 수 있는 적응 능력과 감각을 상실하기가 쉽다는 것이다. 지금처럼 평정심을 유지하는 것은 중요하다. 그러나 설마 전쟁이 일어나겠는가, 전쟁이 일어난들 한 구덩이에 같이 빠지는데 뭘 걱정하나 같은 태도는 곤란하다.

우리는 침착함과 냉정함을 유지하되 모든 경우의 수에 대비해야 한다. 북한을 끝없이 몰아붙이는 것이 과연 현명한가에 대한 깊은 논의가 필요하다. 지금 이 순간에도 북한은 남한의 각종 시민단체들에게 반미, 반정부 투쟁을 선동하는 격문을 보내고 있다. 정치적 견해와 이해관계가 달라도 국가적 위기 앞에서 우리 내부가 조금의 틈도 보이지 않고 단결되어 있을 때 상대는 오판하지 않는다. 정치권의 리더십과 국민적 단합이 그 어느 때보다 절실한 시점이다.

모두에게 찬란한 햇살이길

　김재영의 소설 《코끼리》는 다문화사회로 나아가는 과정에서 우리 사회가 보여주고 있는 어두운 측면을 잘 묘사하고 있다. 작가는 이주노동자들의 고통을 섬뜩할 정도로 리얼하게 묘사하고 있다. 미얀마, 파키스탄, 방글라데시, 네팔 등 동남아시아에서 이주해 온 그들은 한국적 단일 민족주의와 순혈주의에 의한 차별과 소외를 받는다. 소설 속의 주인공인 초등학생 아카스는 피부색이 까무잡잡하다는 이유로 동급생들로부터 온갖 신체적, 정신적 폭행을 당한다. 자신의 피부를 하얗게, 아니 노랗게라도 하려고 그 어린 것이 표백제로 세수하는 모습에서 혹독한 인종차별의 고통은

극적으로 드러난다.

이주 노동자들은 고립된 환경에서 고용과 인권에 대한 아무런 안전장치도 없이, 무자비한 폭력, 산업재해, 여권과 외국인등록증 압류, 강도 높은 노동, 상시적인 임금체불 등에 시달리며 인간 이하의 생활을 한다. 이들을 괴롭히는 것은 인종차별에 의한 소외뿐만이 아니다. 이주노동자 내부에서도 폭행과 갈취는 상시적으로 일어난다. 그들 모두는 내부적 분열이 일어나는 상황을 일상적으로 목격하면서도 자신의 삶을 꾸려나가기에만 급급하다. 겉으로 연민하고 안타까워하지만 서로를 챙겨주고 보살펴주기에는 자신의 삶이 너무 힘겹고 무겁기 때문이다. 한국 사회에서 몸부림쳐도 아무 소용이 없다는 절망감은 그들로 하여금 그들 내부의 약자를 학대하고 착취하게 하는 또 다른 소외를 생겨나게 한다.

카를-알브레히트 이멜이 쓴 《세계화를 둘러싼 불편한 진실》은 극소수 부유국과 부유층을 위해 기능하는 글로벌 경제와 신자유주의가 세계의 자연 생태계와 사회구조, 전통과 문화를 어떻게 파괴하고 있는가를 잘 보여 주고 있다.

이 책에 소개된 내용들은 우리의 속을 불편하게 하고 머리를 혼란스럽게 한다. 아프리카에서 카카오를 따는 아이들 대다수는 초콜릿 맛이 어떤지 모른다. 콩고에서 내전이 격화될수록 정부와 반군 측은 자금 마련을 위해 휴대폰 제조에 필요한 광물인 '콜탄'을 경쟁적으로 헐값에 팔기 때문에 휴대폰 가격은 떨어진다. 우리가 생수를 한 병 사먹을 때마다 샘물이 고갈되어 물을 마실 수 없는 사람들은 늘어난다. 우리가 먹고 마시고 입는, 그 수많은 필수품들이 이런 식으로 생산된다는 사실을 우리는 의식조차 못 하는 경우가 많다.

극소수의 사람들이 아무 생각 없이 너무 많은 것을 독점적으로 소비하는 현실이 오늘의 세계다. 전쟁, 빈곤, 여성과 아동의 인권, 테러 같은 지구촌 문제들에 대해 선진국들은 말만 내세우지 실효성 있는 대책을 내놓지도 않고 실천할 의지도 별로 없는 것처럼 보인다. 소설 《코끼리》가 형상화하고 있는 이주 노동자들의 비참한 모습과 우리들의 일그러진 가학적 폭력, 《세계화를 둘러싼 불편한 진실》이 보여주는 세계화의 어두운 그늘은 우리 모두를 부끄럽고 곤혹스럽게 한다.

따뜻한 연민의 눈길과 손길이 간절하다. 피부색과 빈부 차이에 관계없이 모든 인간은 해가 지면 가족이 기다리는 가정으로 돌아가 휴식을 취하고, 그 속에서 정서적인 안정감을 얻고, 내일을 위해 에너지를 충전하고 싶어 한다. 찬란한 햇살과 포근한 바람이 이 땅 구석구석 누구에게나 골고루 도달할 수 있게 해야 한다. 우리와 피부색이 다르고 우리보다 가난한 나라에서 왔다고 무시하고 멸시하는 반인류적인 차별은 반드시 근절되어야 한다. 내 주변이 행복하지 않으면 나와 내 가족 또한 지속적으로 행복할 수가 없다. 우리 자신의 안전과 행복을 위해서도 다문화 가정의 해외 이주민과 이주 노동자들의 고통을 더 이상 외면하거나 방치해서는 안 된다.

2부

옳은 것이 강한 것을 이기는 사회

냉정과 열정의 균형

감정이입은 화자話者의 감정을 다른 대상에 이입移入, 즉 '옮겨 들임'을 의미한다. 그 대상은 생물일 수도 있고 무생물일 수도 있다. 철학자 칼 포퍼는 새로운 이해를 얻을 수 있는 가장 유용한 방법은 감정이입이라고 했다. 그는 문제 속으로 들어가 그 문제의 일부가 되도록 감정이입하라고 말했다. 내가 '나 자신'이 아닌 '스스로 이해하고 싶은 것'이 될 때 가장 완벽한 이해가 가능하다는 것이다. 동물학자 제인 구달은 "감정이입을 하면 침팬지의 태도나 작은 변화를 나타내는 미세한 신호를 보다 잘 감지하게 된다"라고 했다. 사냥을 잘하려면 사냥감처럼 생각하고 행동해야 하며,

대나무를 그리려면 먼저 내 안에서 그것이 자라나게 해야한다.

인간 세상에는 감정이입이 잘 되는 사람과 그렇지 못한 사람이 함께 어울려 산다. 감정이입의 정도가 너무 지나치거나 부족하면 여러 가지 문제가 생겨날 수 있다. 감정이입이 잘 안 되는 학생은 급우들에게 물리적 폭력이나 왕따와 같은 정신적 폭력을 행사하면서도 크게 죄책감을 느끼지 않는다. 그가 한 번만 고통 받는 친구의 몸과 마음이 되어 본다면 그런 행동을 하지 않을 것이다. 반면에 감정이입이 잘 되는 사람은 대개 예민한 감성을 가지고 있으며 인간과 자연과의 교감 폭이 넓고 깊다. 이런 사람들은 문학, 예술 분야에서 두각을 나타내기도 하지만, 세상살이에서는 손해를 보는 경우가 많고, 난처하고 피곤한 상황에 자주 부딪히게 된다.

우리 민족은 감정이입이 비교적 잘 되는 성향을 가지고 있다. 그러다 보니 어떤 일이 발생하면 그 상황에 즉시 감정이입하여 냄비처럼 끓어오르고, 앞뒤 보지 않고 즉각적으로 반응하는 경향이 있다. 쉽게 감정이입 되는 것이 꼭 나쁜 것은 아니다. 쉽게 감정이입 되는 성향은 감성적 충동과 즉흥성, 무속적 상상력과 함께 한류의 원동력이라고 말하는 학자도 있다. 쉽게 감정이입 되고 쉽게 끓어오르는 곳에는 형식과 절차의 파괴가 빈번하게 발생한다. 이를 역동성으로 보는 사람도 있다. 얼핏 보면 질서가 없는 것 같지만 무질서 속에도 질서는 있으며, 형식 파괴 속에도 형식이 있다는 것이다. 이런 역동성은 창조적 영감을 자극하기도 하지만, 비합리적 충동과 광신적 맹목을 촉발시키기도 한다.

우리는 모든 일에서 너무 조급하다. 즉흥적이고 즉물적인 사고방식과 선정적 충동성이 자주 사회 모든 분야의 질적인 성장을 가로막고 있다. 이제 우리는 형식과 절차를 중시하면서 좀 냉정해지는 훈련을 할 필요가 있다. 우리 사회는 정보화 사회 특유의 활력과 열정이 넘치는 곳이지만, 농경사회가 남겨 놓은 윤리적 전통과 산업사회의 나쁜 폐단 등이 뒤섞여 있는 곳이기도 하다. 우리는 지금 남북 대치 속에 고도의 긴장이 계속되고, 강대국의 이해관계가 복잡하게 얽혀 있는 곳에 살고 있다.

장기불황으로 청년들은 일자리를 구하지 못하고, 자영업자들은 파산의 위기 속에서 극한의 고통을 겪고 있다. 이런 상황에서 정치인들은 특정 정파의 이익을 위해 대책 없이 대중을 선동하거나 편 가르기에 몰두해서는 안 된다. 생활고에 시달리는 대중들의 호흡을 더욱 가쁘게 하고, 그들의 생활리듬을 일희일비 속에 몰아넣지 말라. 정치적인 문제는 대화와 협상을 통해 정치적으로 해결하고, 보다 진지하고 성실하게 국민의 밥상과 평안한 잠자리와 삶의 질을 생각해야 한다. 당면한 국내외적 현안들을 냉정하게 분석하며, 미래지향적인 해법을 찾아내려는 사람들이 많이 나와 들뜬 사회의 무게 중심을 차분하게 잡아 줄 필요성이 그 어느 때보다도 절실한 시점이다.

혁명가는 불행한 운명에 갇힌 자

"혁명가는 불행한 운명에 갇힌 사람이다. 혁명가는 자기만의 관심사도 없고, 일도, 감정도, 애착도, 재산도 없다. 심지어 그에게는 이름도 없다. 혁명가의 관심을 사로잡는 것은 오직 하나, 모든 사고와 열정을 사로잡는 혁명뿐이다. 자신에게 엄격한 혁명가는 다른 사람에게도 엄격해야 한다. 혁명가는 혈육의 정, 우정, 사랑, 고마움, 심지어 존경심까지, 사람을 나약하게 만드는 모든 감정을 혁명의 대의를 향한 냉혹한 열정으로 제압해야 한다. 혁명가의 동지는 혁명성을 행동으로 보여주는 사람이다. 우정은 혁명에의 쓸모로 결정된다. 혁명가는 공적인 신분질서 세계를 파괴하기 위해 그곳에 침투한다. 이때 다른 사람으로 위장한다."

냉혈과 광기의 혁명가인 세르게이 네차예프(1847~1882년)가 제네바 도피 중에 아나키스트 혁명가 바쿠닌과 함께 작성한 '혁명가의 교리문답'은 이처럼 냉혹한 행동강령으로 시작된다.

러시아의 소읍 출신인 네차예프는 상트페테르부르크대학 청강생 신분으로 학생운동에 참여하면서 주목받기 시작했다. 혁명을 위해서라면 모든 것을 바쳐야 한다는 그의 편집광적인 열정과 악마적 마력은 미하일 바쿠닌을 비롯한 러시아의 걸출한 혁명가들을 사로잡았다. 그의 진면목은 1869년 동료인 이바노프가 네차예프의 독재적인 방식에 회의를 품고 조직을 떠나려 하자, 다른 동료들과 공모해 그를 잔인하게 죽인 사건에서 적나라하게 드러난다. 그는 혁명동지 이바노프를 혁명의 대의를 위해 살해하여 러시아사회를 발칵 뒤집어 놓았다. 네차예프는 모사꾼이자 사기꾼이었고, 복수의 화신이자 피에 굶주린 범죄자였다. 네차예프가 보여주었던 범죄성과 사악함을 러시아어로는 '네차예프시나'라고 한다.

1970년대와 80년대 반독재민주화투쟁에 힘을 집중하던 진보주의 운동가 상당수는 직선제 개헌을 쟁취하고 1989년 동유럽 사회주의가 붕괴되자, 목표의 상실이 주는 충격과 좌절로 길을 잃고 운동을 그만 두었다. 그들의 의식이 거주하던 '관념의 집'이 제공하는 이론들은 반독재민주화투쟁에서는 힘을 발휘했지만, 절차적 민주주의가 어느 정도 확립된 대의민주주의에서는 크게 힘을 발휘할 수 없었다.

네차예프의 삶과 행적을 살펴보면 급진적이고 과격한 운동이 보여주는 상궤를 벗어난 실상들을 잘 이해할 수 있다. 물론 네차예프시나(네차예프식 만행)가 좌파의 전유물만은 아니다. 네차예프시나의 원조는 마키아벨리즘과 예수회이며, 절대왕정 이래 우파와 파시즘, 전후 메카시즘 등에서도 일상적으로 구사하고 있는 전략이다. 극좌, 극우 모두가 목적 달성을 위한 수단 측면에서는 서로 비슷하며, 어느 쪽이나 네차예프적 강박관념과 유혹에서 벗어나지 못하고 있다.

러시아의 문호 도스토엡스키가 소설 《악령》에서 창조한 불길한 인간형 베르호벤스키는 실존인물인 네차예프를 모델로 삼았다. 이 소설이 비정한 혁명가 집단이나 잘못된 사회주의 사상을 단순하게 비판만 하는 것은 아니다. 역사적 변혁기에 무자비하고 비인간적인, 어설픈 관념에 사로잡힌 노예들, 즉 악령에 사로잡힌 인간 군상들을 통해, 이런 악령에의 홀림이 얼마나 잔혹한 비극을 낳는가를 적나라하게 보여준다.

극단적인 이념에 사로잡힌 자를 이념 논쟁으로 설득하는 것은 거의 불가능하다. 이런 사람에겐 머리보다 가슴으로 느끼게 해 주는 문학작품이 훨씬 효과적일 수 있다. 모든 지식인들은 《악령》을 다시 읽으며 국가와 민족이 처한 오늘의 현실을 냉정하게 생각하는 기회를 가져 볼 필요가 있다.

집단지능과 낙관론

주식투자를 하는 사람들은 비관과 낙관이란 이분법적 사고로 현재와 미래를 바라보는데 익숙하다. 그들은 거품과 거품의 급격한 붕괴를 만들어내는 것은 갈대와 같은 인간의 집단의식이라는 사실을 경험으로 잘 안다. 급격한 상승이 근거 없는 낙관에 의한 경우가 많듯이, 급격한 하락 역시 비관론자들이 퍼뜨리는 불안과 공포 때문이라는 사실도 잘 안다. 증시를 바라보는 관점만 그런 것이 아니다. 정치를 포함한 인간사 대부분도 마찬가지다. 비관적 전망은 희망과 낙관보다 전염성이 훨씬 더 강하다. 일반적으로 많이 배운 사람일수록 비관론에 끌리는 경향이 강하다. 어떤 일을 두고 낙관론을 펼쳤는데 일이 잘못될 경우 혹독한 비판을 받는다. 다양한 변수와 경우의 수를 고려하지 않았다거나, 자료의 수집과 분석에 철저하지 못했다는 등의 비난을 받는다. 그러나 비관론을 주장했는데 상황이 좋아지면 낙관론을 펼치다 틀린 경우보다 비난을 훨씬 덜 받는다. 좋아진 상황에 취해 비관론을 펼친 사람의 책임 추궁에 관대해지기 때문이다.

어떤 새로운 시스템을 만들기 위해 최초에는 전체 구성원 중 10~20%만 그 시스템을 지지하고 신뢰해 주면 된다. 그 시스템이 붕괴되는 데도 전체 구성원의 10~20%만 의심하고 부정하면 된다. 80~90%에 해당되는 절대다수의 사람들은 뚜렷한 주관 없이 다른 사람을 따라가기 때문이다. 맹목적인 신뢰와 의심은 엄청난 힘을 발휘한다. 비관론은 때로 파괴적이고 악마적인 힘을 발휘한다. 그러나 시간과 더불어 비관론은 슬그머니 사라진다. 주기적으로 지구 종말론을 주장하는 사람들이 나타났고 엄청난 추종자들이 있었지만 지구는 여전히 건재하고 있다. 비관론자들은 그들의 예견이 빗나갈 때, 지금은 아니더라도 '언젠가는 오고야 만다'라고 말하며 다음 기회를 노린다.

어느 시대나 인류는 항상 위기에 직면했지만 거의 매번

그 위기를 극복하고 눈부신 발전을 거듭했다. 콜드스프링 하버연구소 매트 리들리 교수는 그의 저서 《이성적 낙관주의자, 번영은 어떻게 진화하는가》에서 아이디어들이 서로 만나 융합을 하는 이른바 '집단지능'을 낙관론의 근거로 제시했다. 생물이 다양한 교잡을 통해 진화하듯이 인류 문명이 폭발적으로 진화하기 위해서는 아이디어의 융합, 집단지능이 필요하다고 설명한다. 교환과 전문화를 통한 집단지능은 기술혁신의 원동력이라고 지적한다. 정치를 포함하여 모든 분야에서 치열하게 경쟁하며 다투더라도 국가적 위기 타개나 경제 발전을 위해서는 서로 아이디어를 교환하고 협조하는 집단지능을 발휘해야 한다. 지금 우리에게 필요한 것은 국가가 안고 있는 다양한 문제들을 해결하기 위해 지혜를 모으는 집단지능이다.

2차 세계대전 당시 미 해병대의 체스티 풀러 장군은 아군이 적군에게 완전히 포위되어 고립됐다는 보고를 받고 이렇게 말했다. "우리는 포위됐다. 덕분에 문제는 간단해졌다. 이제 우리는 모든 방향으로 공격할 수 있다" 어렵고 불리한 여건 속에서도 낙관론을 말할 때 자주 인용하는 이 말이 유난히 가슴에 와 닿는다. 윈스턴 처칠은 "비관론자는 모든 기회 속에서 어려움을 찾아내고, 낙관론자는 모든 어려움

속에서 기회를 찾아낸다"라고 말했다. 낙관론자는 비행기를 만들고 비관론자는 낙하산을 만든다는 말이 있다. 우리에겐 비행기와 낙하산 모두 필요하다. 현실은 분노와 좌절이 범람하는 것처럼 보인다. 그래도 희망이란 비행기를 만들어 하늘을 훨훨 날아다니는 꿈을 꾸자.

모두에게 평등한 위험 사회

독일의 사회학자 울리히 벡은 현대사회는 역설적으로 말하면 공평한 사회라고 했다. 그는 '근대사회는 불평등을 극복하고, 평등을 쟁취하기 위해 투쟁한 시대였지만, 현대는 무수한 위험과 각종 재해 앞에 누구나 평등하게 노출된 사회'라고 말했다. 부유한 계층은 유기농 식품을 먹고, 비교적 안전한 주거환경에 산다. 상위계층일수록 위험이 줄어들고 하위계층일수록 위험이 상대적으로 증대하는 경향을 보이고 있지만, 위험의 상대성을 논하기에는 이미 위험의 심각성이 너무 악화되어 있다고 말한다. 우리 모두는 농약, 핵, 스모그, 황사, 고층빌딩의 화재, 대규모 정전, 치명적인 전염병 등 각종 위험과 재난에 동등하게 둘러싸여 있다. 대한민국은 잠재적인 재난과 위험 앞에서는 확실하게 모두가 평등한 사회라고 할 수 있다.

미국의 안전 전문가 H.W 하인리히는 5만 건에 달하는 노동재해를 실증적으로 연구, 분석하여 '1 : 29 : 300'이란 법칙을 만들었다. 중상자가 한 명 나오면 같은 원인으로 경상자 29명, 운 좋게 재난은 피했지만 같은 원인으로 부상당할 우려가 있는 잠재적 상해자가 300명 나온다는 의미이다. 위험을 방치하거나 방관하면 330회에 한 번은 큰 사고를 당할 위험이 있다는 것이다. 큰 사고는 우연하게 어느 순간 돌발적으로 발생하는 것이 아니라, 그전에 무수히 경미한 사고와 위험신호가 반복적으로 발생하며, 대형 사고가 발생하기 전에 일정 기간 동안 수많은 경고성 징후와 전조들이 있게 마련이다.

하인리히의 말을 염두에 두고 우리 주위를 찬찬히 둘러보면 도처에 사고가 일어날 징후와 전조들로 가득하다. 우리는 단기간에 절대빈곤에서 벗어나기 위해 집단적으로 발버둥 쳐야 하는 압축적인 경제 성장 과정을 거치면서, 나와 내 가족, 이웃의 생명과 안전에는 너무 무관심했다. 그 과정에서 우리는 윗돌 빼서 아랫돌 괴고, 아랫돌 빼서 윗돌 괴는 임기응변식 변통과 융통을 삶의 지혜라고 착각했고, 요령과 편법, 불법과 탈법을 별 생각 없이 현명한 처세술로 간주하게 되었다. 지금 우리는 그 대가를 혹독하게 치르고 있다.

불평등한 계급사회의 꿈은 모든 사람이 파이를 공평하게 나누어 먹는 것이다. 반면에 위험 사회의 유토피아는 모든 사람이 위험에 중독되지 않고 행복하게 사는 것이다. 우리 사회는 그동안 불평등의 심화를 타파하기 위한 유대와 연대에는 강한 모습을 보여 왔다. 오늘 우리 사회는 '나는 상대적으로 더 배고프다'라는 상대적 불평등 해소를 위한 투쟁이 채 해결되기 전에, '나는 불안하고 두렵다'라는 잠재적 혹은 구체적인 위험에 공동 대응하려는 연대가 새로운 힘으로 결집될 조짐을 보이고 있다. 이 순간 우리 모두가 정신을 차리고 제대로 방향을 잡지 못하면, 이 극단적인 불안감은 사람들을 비합리적인 신비주의나 광신상태, 또는 극렬한 파괴주의로 몰고 갈 수도 있다. 전 국민적인 트라우마에서 촉발된 이 에너지가 어느 방향으로 나아가느냐에 따라 국가 자체가 한 단계 업그레이드되거나, 더욱 끔찍한 절망의 나락으로 떨어질 수도 있다.

울리히 벡은 위험 사회를 슬기롭게 극복하기 위해서는 사회 구성원의 유대와 협력이 필요하다고 강조한다. 사건 사고로 인한 희생자들을 애도하면서도 냉정하고 침착하게 멀리 바라보는 마음의 자세가 필요하다. 지엽말단적인 일들에 분노하거나 슬퍼하지 말고. 모두가 정신을 차려야 한다. 주위를 둘러보고 무수한 위험 징후와 전조들을 찾아내어, 하나하나 점검하며 그 개선책을 찾아야 한다. 우리 모두는 정말로 달라져야 한다.

하늘을 바라보며

　많은 사람들이 신문 펼치기가 두렵고, TV 틀기가 무섭다
고 말한다. 보고 듣는 모든 것들은 불안감만 고조시킬 뿐 마
음의 평화를 주지 못한다고 하소연한다. 항상 불안하고 위
기의식이 팽배해 있는 사회는 불행하다. 구체적 혹은 잠재
적인 위험을 이용하여 불안감과 위기의식을 조장하고, 그
것을 개인 혹은 집단의 이익과 연결시키려는 사람들이 아
무 거리낌 없이 목청을 높이는 사회는 절망적이다. 어떤 형
태든 위기론의 조장은 일종의 폭력이다. 위기론의 무자비
한 횡포 앞에서 힘없는 개인은 위기 극복의 의지를 갖기보
다는 불안감 때문에 무기력해지기 쉽다. 위기론 속엔 가학

성 잔인함이 깃들어 있다. 위기의식이 만들어 내는 불안감은 인간의 잠재 능력을 파괴하고 영혼을 병들게 한다. 독일의 철학자 M. 하이데거는 불안이란 레이더망에도 포착되지 않는 대상 없는 공포라고 했다.

인간의 삶과 불안은 어떤 관계를 가지는가. 근심의 신, 쿠라가 어느 날 흙을 가지고 놀다가 어떤 형상을 빚었다. 보기에 너무 좋아 살아 움직이면 좋겠다는 생각을 했다. 마침 그 곁을 지나가던 제우스에게 자기가 흙으로 빚은 형상을 보여주며 어떠냐고 물었다. 제우스가 좋다고 말하자, 이것에게 생명을 주면 어떨까하고 물었다. 제우스가 그러자며 훅 하고 생명을 불어 넣자 그것은 살아 움직이게 되었다. 희랍신화에 나오는 인간 창조 이야기다. 인간을 만들어 놓고 세 신 사이에 소유권 분쟁이 일어났다. 흙의 신, 호무스는 인간의 몸이 흙이기 때문에 자기 것이라 했고, 제우스는 생명을 준 쪽이 자기라며 소유권을 주장했다. 쿠라는 자신이 인간의 형상을 빚은 당사자이기 때문에 자기 것이라 우겼다. 한 치의 양보도 없이 싸우다가 셋은 심판의 신, 사튀른에게 판결을 의뢰했다. 고심 끝에 사튀른이 말했다. 서로 싸우지 말라. 살아 움직이는 이 흙덩이는 오래 살지 못할 것이다. 이 흙덩이가 잠시 이 세상에 살다가 죽으면, 몸을

흙에서 왔으니 호무스가 가져가고, 영혼은 제우스가 주었으니 제우스가 가져가라. 살아있는 동안에는 쿠라가 이 형상을 빚었기 때문에 쿠라가 관장하라. 명 판결이다. 그래서 살아있는 모든 인간은 근심의 신 쿠라의 지배를 받는다. 근심, 걱정, 불안은 인간 존재의 핵심 사항이다. 자신의 의지와는 상관없이 태어남과 동시에 죽음의 씨앗을 품고 이 세상에 던져진 존재, 살아가면서 타인의 죽음을 통해 각자 몸에 품고 있는 그 죽음의 씨앗이 움트고 있음을 느끼면서 죽음을 향해 나아가는 존재, 이 비극적 존재가 바로 하이데거가 '존재와 시간'에서 말하는 인간이다.

불안감이 전적으로 부정적인 것만은 아니다. 불안은 그 자체가 거대한 생존 에너지이다. 불안을 극복하려는 몸부림은 개인과 집단을 발전시킨다. 우리는 망각을 미덕으로 간주하며 사는데 익숙하다. 어떤 불행한 사건이 발생할 때마다 냄비처럼 끓어오르며 성토하다가는 어느 날 모든 것을 깡그리 잊어버린다. 혹독한 식민지 시대를 지나 오늘에 이르기까지 오욕과 치욕, 끔찍한 고통과 고난의 강을 건너오면서 우리에겐 세월이 약이고 망각이 가장 효력 있는 치료제였다. 체념과 달관이 극한의 고통과 비극으로부터 우리를 버티게 했다. 그러나 이제 우리는 달라져야 한다. 잊지 말아야 할 것은 절대로 잊어서는 안 되며, 우리를 불안하게 하는 근원은 반드시 찾아내어 근본적인 해결책을 마련해야 한다.

연민, 배려, 관심의 미덕

항아리 두 개가 있었다. 하나는 물을 가득 담아도 괜찮을 만큼 온전하고 튼튼했지만, 다른 하나는 밑이 깨져 있어 늘 물이 샜다. 언제나 미움만 받는 깨진 항아리는 제일 못생긴 머슴의 몫이었다. 이 머슴은 남들보다 훨씬 오랫동안 물을 길어야만 주인집 커다란 항아리에 물을 가득 채울 수 있었다. 어느 날 못생긴 머슴은 또 물을 긷기 위해 시냇가로 갔다. 밑이 깨진 항아리에 물을 가득 담고 늘 오가는 갓길로 힘겹게 걸어가고 있는데 깨진 항아리가 말했다. "미안해요. 저 때문에 너무 고생하시네요. 다른 항아리들은 벌써 물을 다 긷고 쉬고 있는데, 차라리 절 버리세요." 머슴이 웃으면서 말했다. "항아리야, 우리가 늘 지나온 길을 좀 보렴." 항아리는 뒤를 돌아보았다. 머슴과 함께 걸어온 길가에는 예쁜 꽃들이 가득 피어 있었다. 머슴이 말했다. "비록 물을 긷는데 시간은 걸리겠지만, 네가 흘린 물로 저렇게 많은 생명들이 여기저기서 잘 자라고 있지 않니. 너는 훌륭한 일을 한 거야." 늘 물을 흘리는 항아리는 그 말을 듣고 눈에 가득 눈물이 고였다.

새지 않는 항아리들이 지나간 자리에는 먼지만 날리고 있었지만, 깨진 항아리가 지나간 자리에는 너무도 예쁜 꽃과 풀들이 서로 어우러져 웃고 있었다. 자신의 모자람과 못남이 길을 아름답게 만들어, 오가는 사람들에게 기쁨을 주는 일을 했다는 사실에 둘은 조용히 웃었다. 이 우화는 연민과 배려, 애정 어린 관심이 세상 모든 상처받고 소외된 존재들에게 얼마나 따뜻한 위로와 격려가 되는지를 잘 보여준다. 좀 뒤처지고 느린 자에 대한 배려는 세상과 이웃에 대한 적대감을 없애주며, 모든 대상을 친구로 만들어 준다. 무관심은 세상 만물을 적으로 만들 수 있다.

사회적 모순과 감당하기 힘든 중압감 아래서 개인이 겪는 불안, 고독, 무력감, 생의 부조리 등을 치열하게 탐구했던 소설가 프란츠 카프카는 "다른 모든 죄를 낳는 인간의 주된 두 가지가 있다면 그것은 초조함과 무관심이다. 인간은 초조함 때문에 천국에서 쫓겨났고, 무관심 때문에 거기로 돌아가지 못했다"라고 말했다. 초조와 불안은 주위와의 단절이나 무관심과 상호 인과 관계를 이루며 공존한다. 우리 사회는 지금 여러 분야에서 사회적으로 고립되고, 경제적으로 한계 상황에 내몰린 이들이 너무 많다. 이들은 자신의 단절과 분노를 사회 전체 혹은 불특정 다수에게 돌리기가 쉽다. 이들을 그대로 방치할 경우 '내가 괴롭기 때문에 웃고 있는 다른 사람들이 다 밉다'는 식의 '막장심리'에서 묻지 마 범죄가 발생할 수 있다. 이들이 정상적인 생활을 할 수 있도록 지원하는 제도적 장치가 마련되어야 한다.

내 이웃과 주위를 찬찬히 둘러보자. 힘겹고 고통 받는 사람들에게 손을 내밀어 보자. 내 이웃이 더불어 행복하지 않으면 나 역시 안전하고 행복할 수 없음을 깨달아야 한다. '관심은 친구를 만들지만, 무관심은 적을 만든다'라는 프랑스 속담이 유난히 절실하게 와 닿는 요즘이다.

교황이 머물던 자리를 다시 바라보며

　세계가 서로 갈라져 대립하고 있던 냉전 시절, 이탈리아의 시골 어느 작은 외딴 마을. 신부 돈 까밀로와 읍장 뺴뽀네는 사사건건 맞서며 살아간다. 신부는 꽤 오랫동안 그 마을 본당을 맡고 있으며 사람들의 신망이 두텁다. 그런데도 그에겐 길 잃은 양을 이끄는 목자로서의 엄숙함이나 권위 따윈 없다. 그는 덩치가 크고 산만하다. 주먹은 솥뚜껑만 하다. 취미는 사냥과 도박이고, 좋아하는 것은 술과 축구다. 성직자이면서도 말보다는 발길질과 주먹이 앞선다. 필요할 땐 음모와 협박도 마다하지 않는다. 심지어 들통날 것을 뻔히 알면서도 예수님께 거짓말을 하기도 한다.

자동차 수리공인 노동자이자 읍장인 빼뽀네는 마을 공산당을 이끄는 극성 공산주의자다. 그 역시 돈 까밀로 못지않게 덩치가 크고 한주먹 하는 인물이다. 타고난 달변으로 사람들을 휘어잡고 마을의 대소사 결정에 중요한 역할을 한다. 그의 치명적인 약점은 글을 모르는 것이다. 신부는 무식한 읍장이 도움을 요청하면 온갖 거드름을 피우지만 그래도 성심껏 그의 선언문을 다듬어 준다. 공산주의자인 빼뽀네는 어린 아들이 죽어갈 때 성당을 찾아 하느님께 기도하기도 한다. 둘은 과거 독일군에 맞서 함께 레지스탕스 운동을 한 내력을 갖고 있다. 둘은 신부와 공산주의자라는 상이한 입장 차이에도 불구하고 성격과 행동에서는 비슷한 면모를 보인다.

　두 사람은 상대의 악독함이나 터무니없는 모함 때문이 아니라, 누가 보아도 어설픔이 금방 드러나는 스스로의 부족함 때문에 곤경에 빠진다. 돈 까밀로는 무턱대고 주먹을 휘두르거나 사설 사냥터로 밀렵을 나갔다가 곤경에 빠진다. 그의 어리석은 짓을 조롱하고 약 올리면서도 읍장은 기꺼이 신부를 구하러 간다. 빼뽀네가 주교에게 청원하여 돈 까밀로를 다른 마을로 쫓아버리기도 하지만, 이내 주교를 찾아가 다시 돌려 달라고 요청하기도 한다. 항상 아웅다웅 다

투지만, **빼뽀네**에게는 그래도 돈 까밀로라는 존재가 꼭 필요하기 때문이다. 꼴 보기 싫은 마을 읍장에다 공산당 우두머리라서 어디를 봐도 마음에 드는 구석이 없지만, 돈 까밀로도 결정적인 순간에는 항상 그를 도와준다. 상반된 세계관을 대변하는 두 '깡패'는 서로 대립하면서도 궁극에는 화합하며 살아간다. 이탈리아의 한 지방지 기자로 일하던 죠반니노 과레스끼가 1946년에서 1961년까지 연재한 연작소설 '신부님 우리들의 신부님'에 나오는 이야기이다.

'신부'와 '읍장'으로 표현되는 두 인물은 동서 냉전, 세속적인 권력과 전통적인 교회권력, 자본주의와 공산주의, 보수와 진보가 보여주는 다양한 대립과 갈등을 함축한다. 입만 열면 서로 목을 따고 마을에서 쫓아버리겠다고 떠벌리지만, 살기 위해서는 서로가 필요하다는 사실을 둘은 잘 알고 있다. 둘은 항상 자신의 부족함을 인정하고 상대의 부족함을 채워주며, 아무리 멱살을 잡고 다투더라도 판을 뒤엎는 파괴적인 행동은 하지 않으며, 상대에 대한 존중과 배려의 마음을 결코 잃지 않는다.

의심과 대립, 갈등이 폭발하고 있는 우리 사회에 프란치스코 교황은 종교와 종파, 정당과 정파를 떠나 우리에게 많은 가르침을 주었다. 그는 화해와 용서, 양보와 배려를 강조하고, 무한경쟁과 빈자를 배려하지 않는 사회구조를 질타하고, 분열과 적대의 한반도를 위해서는 역사의 흐름을 바꿀 수 있는 마음의 변화를 제의했다. 교황이 던져 준 화두들이 우리에게 새롭거나 새삼스러운 것은 하나도 없다. 이미 우리가 잘 알고 있는 사안들을 교황의 입과 몸짓을 통해 다시 지적받는 것이 부끄러울 따름이다.

교황이 우리에게 남긴 말과 행동을 두고 아전인수식의 해석과 논평으로 또 다른 책임전가와 갈등을 조장하는 사람들이 많았다. 그래서 '신부님 우리들의 신부님'의 내용을 다시 떠올려 본 것이다. 이제 우리는 '차이'를 '틀림'이 아닌 '다름'으로 받아들이고, 서로 존중하고 배려하며 더불어 발전하는 삶을 실천해야 한다. 겸손과 청빈, 섬김의 권위가 무엇인지를 몸소 보여준 교황의 가르침을 귀하게 가꿀 줄 알아야 한다.

고향엔 잘 다녀오셨습니까?

독일의 사회학자 울리히 벡은 "현대 유럽인은 자유를 선고받는 대신, 고향을 상실했다"라고 말했다. 이 말은 유럽뿐만 아니라 우리에게도 그대로 적용된다. 어린 시절, 시골 고향 마을에서 모든 사람들의 말과 행동은 비난과 칭찬이 수반되는 관찰과 평가의 대상이었다. 시골 사람들은 사생활의 자유는 어느 정도 포기해야 했지만, 울타리가 튼튼한 공동체에 속해 있다는 정서적 안정감은 항상 강하게 가질 수 있었다. 시골 초등학교 운동회 때면 어김없이 마을 대항 릴레이 경주가 있었고, 동네 사람들은 모두 하나가 되어 세월이 흘러도 결코 잊을 수 없는 응원전을 전개했다. 그들은 주로 농업에 종사했기 때문에, 파종에서 수확에 이르는 그 모든 힘겨운 일들을 품앗이와 같은 상부상조로 무난히 수행할 수 있었다. 산업화와 도시화가 진행되고, 농촌 인구의 절대 다수가 도시로 이주하여 직업이 다양화되면서, 도시인들은 서로의 삶에 간섭하지 않는 것을 불문의 미덕으로 간주하게 되었다. 현대인의 자유는 이렇게 고향을 상실한 대가로 얻은 것이다.

　명절에 고향을 다녀온 어느 지인이 엄마가 없는 고향, 엄마 대신 찾아볼 친척과 동네 어른이 없는 고향은 한없이 쓸쓸하고 황량하여 자꾸만 멀게 느껴졌다고 했다. 전통과 결속의 원천은 고향과 가정이다.

　　　하늘나라에 가 계시는

　　　엄마가

　　　하루 휴가를 얻어 오신다면,

　　　아니, 아니, 아니, 아니,

　　　반나절 반 시간도 안 된다면

　　　단 5분

　　　그래, 5분만 온대도 나는

　　　원이 없겠다

얼른 엄마 품속으로 들어가

엄마와 눈맞춤을 하고

젖가슴을 만지고

그리고 한 번만이라도

엄마! 하고 소리 내어 불러보고

숨겨놓은 세상사 중

딱 한 가지 억울했던 그 일을 일러바치고

엉엉 울겠다

정채봉 시인의 〈엄마가 휴가를 나온다면〉 전문이다.

18세 어린 나이에 그를 낳고, 2년 후 20세에 죽은 시인의 엄마, 그 그리움이 얼마나 절절했겠는가. 전통적 결속이 급속하게 단절되고, 고향에 살아있는 부모조차도 부담으로 생각하는 사람이 많은 오늘의 젊은 세대들에게 이 시가 어떤 느낌으로 다가갈지 궁금하다. 엄마가 없으면 할머니, 숙모와 외숙모, 고모와 이모, 심지어 동네 아주머니가 그 역할을 대신해 주는 경우가 많았다. 억울하고 서러운 이야기를 들어줄 상대가 있으면 조실부모해도 쉽게 빗나가지 않는다.

오늘 우리 사회에서 수시로 문제가 되고 있는 막말 파동은 고향의 상실, 전통적 가정의 해체, 친척과 이웃 간의 소원한 관계와 밀접한 관계가 있다. 명심보감에 '구시상인부언시할설도口是傷人斧 言是割舌刀'란 말이 나온다. '잘못된 입놀림은 사람을 상처 내는 도끼와 같고, 잘못된 말은 결국 내 혀를 베는 칼과 같다'는 뜻이다. 도시라는 거대한 익명의 섬에서 한없이 외롭고 불안하게 살아가는 현대인들은 익명성에 기대어 함부로 말을 내뱉고 멋대로 행동한다. 주변에 늘 어른이 있고 항상 지켜보는 눈초리가 있으면 언행을 조심하게 된다.

한 언론사의 여론 조사는 많은 것을 생각하게 한다. 50대 절반 이상은 추석을 가족이 모이는 날로 생각하지만, 20~30대 68.3%는 추석을 기다리지 않는다고 답했다. 31.2%가 추석 귀성은 시간 낭비라고 답했다. 절대 다수가 당일치기로 차례만 지내고 올라간다고 했다. 그래서 추석날 오전 10시경부터 경부, 호남 등 전국의 모든 고속도로는 극심한 정체가 시작되는 것이다. 많은 학자들이 장차 중국이 정치, 경제, 과학, 문화 등에서 엄청난 힘을 발휘할 것이라고 예견한다. 그런 중국의 가장 강력한 힘 중 하나가 '가족 간의 강한 유대감(strong family tie)'이라고 말한다. 명

절마다 목격하게 되는 중국인들의 피눈물 나는 귀향 행렬
이 그 주장을 잘 설명해 준다.

옳은 것이 강한 것을 이기는 사회

최명희의 소설 《혼불》은 조상들의 정신과 숨결, 염원과 애증을 아름다운 모국어로 그려낸 한국문학사의 기념비적인 작품이다. 이 소설은 문학사적 의미뿐만 아니라 세시풍속과 관혼상제, 민속 음악과 노래 등 민속학적, 인류학적 관점에서도 엄청난 가치를 지니고 있다. 특히 이 소설은 우리고유 말 사전이라 할 정도로 순수 우리 말 어휘가 풍부하다.

작가가 풍부한 어휘력으로 아름다운 문장을 쓰기 위해 평소 기울인 노력은 우리에게 진한 감동으로 다가온다. 그녀는 시집 읽듯이 국어사전을 읽었다. 항상 사전을 책상머리에 두고 생소한 단어를 찾을 때는 말할 것도 없고, 무료하고 심심할 때, 외롭고 쓸쓸할 때, 심지어 전화를 받으면서도 사전을 보았다. 길을 가다 간판을 보아도, 그 간판 이름으로 문장을 만들었다. 그녀는 늘 사전을 곁에 두고, 모르는 단어는 새로 깨치고, 이미 알고 있는 단어는 의미를 보다 깊이 새겨보며 그 활용도를 넓히려고 애썼다. 친숙한 단어들은 늘 서로 조화롭게 연결해보는 습관을 가지고 있었다.

그리스의 웅변가 데모스테네스는 타고난 말재주꾼이 아니었다. 그는 선천적으로 말더듬이였고, 허약한 체질 때문에 말을 길게 이어가지도 못했다. 청년기에 들어설 무렵 아고라에서 첫 연설을 했을 때, 청중들은 그의 어눌함을 조롱하며 야유를 보냈다. 두 번째 도전에서도 그의 말에 귀를 기울이는 사람은 없었다. 그래도 그는 포기하지 않고 입에 조약돌을 물고 피나는 연습을 했고, 가파른 언덕을 달리다가 숨이 차오르기 시작하면 연설을 시작하는 훈련을 했다. 그는 마침내 뛰어난 웅변가가 되어 수많은 재판에서 이겼다. 그의 경쟁자였던 피데아스는 "당신 웅변에서는 지난밤에 썼던 등잔불 냄새가 난다"라고 비웃었다. 즉석연설은 거의 없고 항상 미리 준비하여 말하는 데모스테네스를 비웃는 말이었다. 그는 "허나, 내 등잔과 당신 등잔의 밝기는 분명히 다르지 않소"라고 응수했다. 그의 명연설은 항상 치열한 노력과 성실한 준비의 산물이었다. 데모스테네스는 유창성과 달변이 아닌, 철저한 준비와 진정성으로 당대를 평정한 웅변가가 되었다.

일반적으로 글 실수보다는 말실수하기가 더 쉽다. 글은 써 놓고 공개하기 전에 습관적으로 다시 읽어보지만, 말은 다시 고칠 여유 없이 그냥 내뱉어 버리는 경우가 많기 때문이다. 말은 죽은 이를 무덤에서 불러낼 수도 있고, 산 자를 묻을 수도 있다. 말은 인간의 고뇌를 없애주는 의사라고도 한다. 말은 영혼을 고치는 불가사의한 힘을 가지고 있기 때문이다. 니체는 비둘기의 발로 오는 사상이 세계를 좌우하듯이, 폭풍을 일으키는 것은 가장 조용한 말이라고 했다. 노자는 《도덕경》에서 다언삭궁多言數窮이라고 했다. 말이 많으면 궁지에 몰릴 일이 많아진다는 뜻이다. 말이 유창하고 매끄러우면 무게감이 떨어지고 진실성이 약해질 수 있다.

오늘 우리 사회는 어느 정치평론가의 책 제목처럼 '강한 것이 옳은 것을 이긴다' 라는 논리가 너무 광범위하게 적용되고 있다. 그러다 보니 모든 곳에서 목청 큰 사람이 그 조직을 쥐고 흔드는 경우가 많고, 그것 때문에 일을 망치기도 한다. 시간적, 심리적 여유를 가지고 상대의 말을 존중하며 경청할 때, 건전한 토론 문화가 정착될 수 있고, 상호 배려와 이해에 근거한 합의가 도출될 수 있다. 이제 우리는 무슨 일에서나 고성과 막말, 막무가내식의 떼쓰기를 자제하고 항상 준비하며, 말하기 전에 먼저 한발 물러서서 생각해 보는 풍토를 조성해야 한다. 그래야 '옳은 것이 강한 것을 이길 수 있는 사회'를 만들 수 있다.

집단극화와 의사결정

    1960년 3월 아이젠하워 대통령은 쿠바의 카스트로 정권을 무너뜨리기 위해, CIA가 꾸민 반혁명군 지원을 위한 비밀작전계획을 승인했고, 그해 5월부터 쿠바 침공을 위한 구체적인 준비에 들어갔다. 1961년 대통령에 막 취임한 케네디가 그 작전의 실행을 승인하자, CIA는 미국에 망명한 쿠바인들을 모집해 훈련을 시켰다. 드디어 1961년 4월 17일에서 19일까지 3일간 쿠바 수도 아바나에서 145㎞ 떨어진 피그만을 침공했다. 동원된 병력은 1,500명에 불과했다. 피그만에 상륙하면 쿠바 혁명에 반대하는 민중봉기가 일어나 엄청난 지원군을 얻을 것이라고 예상했기 때문이다.

결과는 대실패였다. 100여 명이 사망했고, 1000여 명이 포로로 잡혔다. 미국은 포로들을 돌려받기 위해 5300만 달러 상당의 의약품과 식량을 제공해야 했다. 피그만 침공의 실패로 카스트로는 반미감정을 이용해 49년 동안 장기집권한 후, 동생에게 권력을 물려주었다.

피그만 침공작전의 실패 요인에 대한 설명이 다양하지만, 집단극화현상(group polarization)이 나타날 수밖에 없는 구조 속에서 의사결정을 했기 때문이라는 분석에 주목해 볼 필요가 있다. 일반적으로 개인이 어떤 일을 결정하거나 처리할 때는 혼자이기 때문에 부담 없이 모험적인 행동을 하고, 집단인 경우 나뿐만 아니라 다른 사람들까지 생각해야 하기 때문에 몸을 사리는 보수적인 행동을 할 것이라고 생각한다. 그러나 개인적인 경우에 오히려 보수적인 결정을 하고, 집단적일 경우에는 훨씬 모험적인 결정을 내릴 가능성이 높다고 한다. 이렇게 '집단'의 의사 결정이 '개인'의 의사결정보다 더 극단적으로 나타나는 현상을 심리학에서는 '집단극화현상'이라고 말한다.

어떤 정책 결정에 참여하는 사람들 상호간에 친밀도가 높을수록 치열한 논쟁과 토론을 통해 가장 바람직하고 합리적인 결론을 도출하기보다는, 보다 쉽게 극단적인 방향으로 의견을 모아버리기가 쉽다. 피그만 침공 결정을 내릴 당시 케네디 대통령, 국무장관, 국방장관, 안보보좌관, CIA 국장 등 주요 인사들은 서로 친밀한 사이였다. 출신학교도 대부분이 하버드였다. 케네디는 1961년 4월 21일 기자회견을 열어 피그만 침공에 대한 실패 책임자가 자신임을 인정하면서 "승리에는 100명의 아버지가 있지만, 패배에는 아버지가 없다는 옛말이 있습니다. 분명한 것은 하나의 사실뿐입니다. 내가 정부의 책임자입니다"라는 유명한 말을 남겼다. 승리에는 내 덕이라고 나서는 사람이 많지만, 실패에는 내 탓이라고 나서는 사람이 없다는 말이다.

우리사회는 정치뿐만 아니라 거의 모든 분야에서 의사결정 시 집단극화현상이 두드러진다. 서로 친밀감을 느끼는 비슷한 성향을 가진 사람끼리 모여 치열한 논쟁 없이 극단적이고 과격한 결론을 내려 일을 걷잡을 수 없이 만들고는, 아무도 책임을 지지 않는 경우가 너무 많다.

우리는 '우리가 남이가'라는 구호를 좋아한다. 이런 상황에서는 합리적인 의사결정을 하기가 어렵다. 반대할 경우에는 조직과 구성원을 배신한다는 비난뿐만 아니라, 잘못됐을 때 혼자 책임을 져야하는 부담감을 감당하기가 어렵다. 망해도 같이 망하는 것이 차라리 마음 편하다. 이런 풍토 속에서는 생산적인 토론을 거친 합의란 있을 수가 없다. 우리사회를 위협하고 있는 극우나 극좌 성향의 단체들 대부분은 집단극화에 따라 의사결정을 하고는 과격하게 행동한다. 우리는 집단극화가 집단 광기로 이어지는 사례를 무수히 보아왔다.

의사결정을 할 때 집단극화를 방지하기 위해, 외부 인사를 초빙하여 제3의 의견발표를 의무화하는 방안을 도입할 수 있다. 회의를 진행할 때, 시종일관 반대하는 악역을 담당하는 사람을 두어 집단의 결정이 극화되는 것을 막을 수도 있다. 만장일치 의결은 바로 채택하지 않는다는 규정을 둘 수도 있다. 가장 바람직한 것은 치열한 변증법적인 토론 과정을 거쳐 보다 발전적이고 생산적인 결론을 도출해 내는 것이다.

성탄절 아침에

유대교가 탄생하기 직전 고도로 발달한 수메르 문명은 물질문명의 부작용과 다신교의 폐해로 부패와 타락, 우상숭배와 음란이 극에 달하여, 그로부터 세상을 구원할 강력한 유일신이 필요했다. 아브라함은 수메르 최강의 도시국가 우르 출신이다.

유대교, 기독교, 이슬람교는 원래 뿌리가 같다. 세 종교 모두 유일신을 믿은 아브라함을 최고 조상으로 간주한다. 히브리어 구약성경이 세 종교의 기본 경전이다. 믿는 신도 같다. 그들 모두 아브라함이 믿었던 '야훼'를 창조주이자 유일신으로 섬긴다. 이슬람교에서는 같은 신을 '알라'라 부른다. 유대교는 그들의 조상 아브라함이 신과 직접 계약을 맺었다는 것을 믿는 유대민족의 종교다. 기독교는 하느님의 외아들 예수 그리스도를 구세주로 믿는다. 이를 받아들이면 유대인이 아닌 이방인이라 할지라도 누구나 구원을 받을 수 있다. 가장 늦게 생긴 이슬람교는 무함마드를 가장 위대한 최후의 예언자로 섬긴다. 유대교와 이슬람교는 예수를 신의 아들로 보지 않고 선지자의 한 사람으로 간주한다. 세 종교 모두 최후의 심판과 부활 개념을 발전시켰다.

인류 역사상 정치든 종교든 서로가 상대를 포용하고 관용의 자세를 견지할 때는 평화와 번영이 있었다. 자기 종교만이 절대적 진리라고 주장하는 근본주의가 발흥하여 '나만 옳고 나머지 모두는 틀렸다'며 '개종 아니면 죽음'을 강요하는 분위기가 지배적인 사회는 반드시 쇠퇴했다. 12세기 이베리아 반도를 침공한 이슬람 근본주의자들과 11~13세기 가톨릭 교황이 주도했던 십자군 전쟁이 좋은 예가 된다.

다양하고 복잡한 갈등들이 시도 때도 없이 충돌하는 화약고 같은 우리 사회를 구원하기 위해서는 공동체의 가치를 되찾는 일이 급선무다. 가진 자는 경제 양극화에 의한 빈부 격차가 얼마나 많은 사람들에게 상실감과 박탈감을 주는지를 헤아리며, 지나친 이익 추구를 자제하며 더불어 사는 미덕을 발휘할 수 있어야 한다.

정치인들은 여야의 정치 갈등이 국가 발전에 가장 심각한 걸림돌이라는 설문조사 결과를 무겁게 받아들이며, 정치적 불안과 리더십 부재에 대한 우려를 종식시키도록 노력해야 한다. 정부 여당은 고용불안과 실업률 해결에 최선을 다해야 한다. 지나친 경쟁을 조장하는 교육시스템도 그 근본부터 다시 검토하고, 상호 소통과 공감대 형성을 위해 모두가 노력해야 한다.

히말라야 산 정상을 모든 종교, 종파, 정파가 도달하고자 하는 궁극적인 지향점이라고 할 때, 내가 A코스를 택한다고 해서 B, C코스를 선택한 사람들에게 그 길로 가면 정상에 이를 수 없다고 말해서는 안 된다. 내가 선택한 길이 최선의 길이라는 확신과 자부심은 가지되, 다른 길을 택한 사람들을 적대시하거나 방해해서는 안 된다. 처음 출발 때는 서로 볼 수 없을 정도로 멀리 떨어져 있지만, 정상에 가까이 다가갈수록 산은 좁아지고, 각자 다른 길을 택해 올라온 사람들은 서로를 볼 수 있게 된다. 마지막 정상에 오를 때는 모두가 손을 잡고 함께 올라갈 것이다.

성탄절 아침, 이 세계에 존재하고 있는 정치적, 종교적,

인종적 갈등을 포함한 다양한 유형의 대립과 반목을 곰곰이 생각해 본다. 팔레스타인 분쟁, 이슬람 내부의 내전, 흑백 갈등 등 세계 각지에서 벌어지고 있는 사생결단의 극단적 분쟁들이 하루빨리 종식되기를 기원해 본다.

우리나라를 방문한 프란치스코 교황은 신의 자비는 한계가 없으며, 신앙이 없으면 양심에 따라 행동하면 된다고 말했다.

뷰티풀 마인드

여러 분야에서 다양한 괴짜들이 존재하고, 그 괴짜의 목소리를 묵살하지 않고 경청해 주는 여유와 아량을 가지고 있는 사회에는 창조적 활력이 넘친다. 정상과 상식, 합리성과 질서정연, 고전적 품위와 예의범절을 지나치게 강조하여, 일탈과 객기를 용납하지 않는 사회는 괴짜와 천재를 질식시킨다.

영어 단어 오리지널original은 '독창적인, 창의성이 풍부한, 새로운, 참신한' 등의 뜻을 가진 형용사다. 이 형용사의 명사형[originality]은 '독창성, 기발함' 외에도 '괴짜, 기인'이라는 뜻을 갖고 있다. 명사형 의미에서 우리는 괴짜의 속성을 알 수 있다. 괴짜의 전제조건은 '독창성과 창의성'이다. 참다운 괴짜란 샘솟는 독창성을 주체할 수 없어, 기존의 사회규범이나 관습, 사고방식 등에 얽매이지 않고, 독창성을 생활화하는 사람이다.

론 하워드 감독의 영화 〈뷰티풀 마인드〉는 실존 인물인 수학 천재 존 내쉬 교수의 이야기를 다룬 영화다. 그는 늘 수학적 방식으로 세상을 바라보고, 이 세상 모든 문제를 수학으로 풀 수 있다고 믿는 프린스턴 대학원생으로 나온다. 무시험 장학생으로 입학한 그는 천재로 인정받지만, 무뚝뚝하고 내성적이며 항상 자기 생각만으로 가득 차 있어, 다른 사람과 잘 어울리지 못한다. 어느 날 술집에서 금발의 미녀를 두고 벌어지는 경쟁을 지켜보다가 이를 바탕으로 '균형이론'의 단서를 발견하고 논문을 발표하여, 청년 존 내쉬는 하루아침에 제2의 아인슈타인으로 부상한다.

MIT 교수가 된 그는 정부 비밀요원을 만나 소련의 암호해독 프로젝트에 투입되며, 그 사이 사랑에도 **빠져** 물리학도 얼리샤와 결혼한다. 결혼 후에도 비밀 프로젝트를 계속하다가 소련의 스파이가 자신을 훔쳐보고 있다는 의혹에 괴로워한다. 남편의 이상한 행동을 지켜보던 아내가 그의 뒤를 밟다가 그 모든 것이 사실이 아니고 망상에 시달리고 있음을 알게 된다. 정부의 비밀프로젝트에 투입된 적이 없으니, 정부 비밀 요원도 허상이고, 그가 매일 고민하며 해독하던 암호들은 낙서임이 밝혀진다. 아내는 헌신적으로 그의 망상분열증 치료 과정을 도와주었다. 그녀의 도움으로 그는 정신적 장애와 맞서 치열하게 싸운다. 병을 극복한 실존 인물 존 내쉬는 그의 게임이론에 영향 받은 수학자, 경제학자들에게 다양한 영감을 주었다. 그는 세계 무역, 노동관계, 생물진화 문제 등을 포함하여 경제학, 사회과학, 자연과학 전반에 걸쳐 엄청난 영향을 끼쳤으며, 1994년에 노벨 경제학상을 받았다.

"저는 수학의 균형이론과 인생의 모든 터널, 그리고 정신적인 파도를 넘어 이 자리에 왔습니다. 저를 이 자리에 오게 만든 것은 수학 이론이 아닌 사랑이었습니다"라는 그의 수상 소감은 사람들을 감동시켰다. 그가 남긴 학문적, 인간적 행적과 그를 바라보는 주변의 인식은 우리에게 많은 것을 생각하게 한다. 특히 프린스턴 대학원에 입학할 때, 그의 모교인 카네기 멜런대 지도교수 가 쓴 '이 학생은 천재다'라는 단 한 줄의 추천서는 아직도 많은 사람들에게 회자되고 있다.

뷰티풀 마인드는 인간관계가 얼마나 중요한가를 보여준

다. 아름다운 마음이란 천재성을 보여주는 두뇌에 있는 것이 아니다. 정신분열증이라는 '정신의 암'을 치료하는 30여 년 세월 동안 남편 곁에서 정성을 다한 아내의 눈물겨운 헌신과, 자신의 병과 한계를 극복하려고 노력하는 존 내쉬의 불굴의 의지가 바로 뷰티풀 마인드다.

진정한 권위의 회복을 위해

　서민들은 생활고로 허덕이고, 청년실업은 모두를 한숨짓게 하고, 정치는 냉소의 대상이 되고, 국민 절대다수는 마음 놓고 기댈 구석이 없어 절망적인 마음에서 각자도생이란 말을 되뇌고 있는 상황에서 메르스 사태가 터졌다. 이 혼란의 와중에서 우리는 사람들의 마음을 다잡아 주고, 나아갈 방향을 제대로 잡아주는 권위 있는 지도자를 갈망하게 된다.

　우리는 일제 강점기를 거쳐 해방 후의 혼란과 6.25, 개발독재를 거치면서 단기간에 절대빈곤에서 벗어났고, 또한 비교적 단기간에 현재의 민주화를 이룩했다. 모든 과정이 빠른 속도로 진행되다 보니 한 단계를 지날 때마다 깊이 있게 음미하고 다지는 시간이 부족했다. 속도는 절대선이며, 절차와 단계의 중시는 때로 비효율과 시간낭비로 간주되었다. 이런 풍토 속에서는 크고 작은 위기가 닥칠 때마다 윗돌 빼서 아랫돌 괴고, 아랫돌 빼서 윗돌 괴는 식으로 골치 아픈 문제를 얼렁뚱땅 처리하고픈 유혹을 받게 된다. 어떤 문제가 터지면 그 방면의 전문가와 권위자가 나서서 매뉴얼에 따라 치밀하게 대응하기보다는 '설마'에 기대어 주먹구구로 그 위기를 넘기려는 경우가 많았다.

권위적인 압축적 성장의 시대 다음에 민주화를 이룩하는 과정에서 각종 권위에 대한 폄훼와 도전은 진보로 간주되었고, 마땅히 지키고 존중해야 할 권위도 타파해야 할 권위주의와 동일시하였다. 다양한 사회운동이 가져다준 엄청난 생산적인 변화에도 불구하고, 민주화 운동은 정치적 권위를, 교육 운동은 교권의 권위를, 핵가족화와 과잉모성은 부권의 권위를, 환자의 알 권리와 의료 민주화는 의사의 권위를, 근거 없이 목소리만 높이는 아마추어의 난립은 전문가의 권위를 무력화시키는데 일조한 측면이 있다는 사실 또한 부인하기가 어렵다.

있어야 할 권위가 추락한 자리에는 냉소와 냉담, 조롱과

욕설, 저속한 풍자가 분위기를 휘어잡아 객관적인 상황 파악을 어렵게 하고, 정말 다급하고 필요한 순간에 사람들의 결속시키고 방향을 잡아 줄 진정한 권위자를 갖지 못하게 했다.

우리는 지금 모든 분야에서 원칙과 기준을 세우고 그것을 존중하고 준수하는 운동을 전개해야 한다. 있어야 할 권위가 상실된 점에 대해서는 각 분야에서 권위를 부여받은 당사자들이 일차적으로 책임감을 느껴야 한다. 개인이든 집단이든 권위를 부여받은 주체가 출발점에서는 도덕적, 윤리적으로 떳떳해야 한다. 그 바탕 위에서 원칙과 기준을 제시하고, 거기에 근거하여 책임질 수 있는 말을 하고, 그 결과에 반드시 책임을 지는 모습을 보여줄 때, 권위는 지켜지고 유지된다. 필요한 순간에 힘을 결집할 수 있는 구심점이 없을 때, 우리는 답답하고 우울하다.

"내가 아는 오케스트라 지휘자에게 '지휘자의 권위'에 관해 물었습니다. 다른 지휘자는 어떤지 모르겠지만, 그는 연주하러 단상에 올라 잠시 가만히 서 있다고 했습니다. 그 모습이 다른 사람 눈에는 그저 마음을 가다듬는 것처럼 보이지만, 사실은 아닙니다. 그 순간에 그는 속으로 기도합니다. 오케스트라의 연주자들을 축복하는 것이지요. 그런 다음 지휘봉을 듭니다. 진정한 권위의 비밀은 축복하는 마음에 있는 것이 아닐까요."

독일에서 매년 20여 대의 바이올린, 비올라, 첼로를 만드는 바이올린 마이스터 마틴 슐레스케가 쓴 감동적인 책 《가문비나무의 노래》에 나오는 이야기다.

그렇다 '진정한 권위'의 비결은 상대의 행복과 발전을 바라고 축복하는 마음에 있는 것이다. 정치인들은 오로지 국가와 국민만을 생각하고, 기업이 고객의 요구를 충족시키기 위해 혼신의 힘을 쏟고, 스승이 제자의 올바른 성장을 위해 헌신하고, 의사가 환자의 회복을 위해 모든 수단을 동원하여 최선을 다할 때, 그리하여 상대가 그 점을 신뢰하게 될 때, 권위는 절로 보장되는 것이다.

이제 우리는 모든 분야에서 기본 원리와 원칙을 중시하며 주기적으로 근본을 되짚어 보는 운동을 생활화해야 한다. 그런 풍토 속에서만 사회 통합과 발전을 위해 꼭 필요한 진정한 권위가 생겨날 수 있기 때문이다.

지역의 문화적 자산, 임인덕 신부

　아침부터 밤까지 벨트컨베이어에 실려 오는 물건의 나사 못 조이는 일은 계속된다. 단순 반복 작업은 기계 앞을 떠나서도 눈에 보이는 모든 것을 조여 버리게 하는 강박관념에 **빠지게** 한다. 정신병원에 가서 정상적인 생활 리듬을 찾으면 병이 낫지만, 퇴원 후에는 일자리가 없어 방황한다. 시위 군중에 휩쓸렸다가 감옥에도 끌려간다. 가는 곳마다 번번이 소동으로 막을 내리며 다시 떠돌이로 전락한다. 그래도 그가 도와 준 소녀와 함께 내일의 희망을 안고 걸어간다.

　찰리 채플린의 〈모던 타임즈〉 줄거리다.

　이 영화는 대공황의 늪이 깊던 1936년에 제작되어 수많은 사람들의 아픔을 달래주며 심금을 울렸다. 이 영화에서 가장 유명한 장면 중의 하나는 채플린이 컨베이어벨트에 빨려 들어가 기계 속 톱니바퀴 사이를 유영하는 모습이다. 채플린은 이 장면을 통해 대량생산을 위한 분업의 발달로 노동의 주체인 노동자가 거대한 조립공장의 부속품인 객체로 전락해 버린 슬픈 현실을 고발했다. 대공황 당시에 나온 이 영화는 70년대 한국 사회에서 깊은 공감을 얻을 수 있었다. 필자는 1970년대 후반 왜관 성 베네딕도 수도원이 운영하는 '연화 결핵 요양원'에서 채플린의 영화들을 많이 봤다. 병원 식당에 스크린을 걸어놓고, 채플린의 무성 영화를 보여 준 사람은 독일인 하인리히 세바스티안 로틀러(한국명 임인덕) 신부였다.

그는 사제 서품 후 40년 이상 긴 세월을 한국에서 살았다. 그는 영화와 비디오로 복음을 전한 '미디어 신부'로 불리기도 한다. 그는 키에슬로프스키의 〈십계〉, 타르코프스키의 〈거울〉 등 60여 종의 예술영화를 국내 처음으로 번역하여 비디오로 출시했다. 1970년 초반부터 분도출판사를 이끌면서 구티에레스의 《해방신학》, 돔 헬더 카마라 주교의 《정의에 목마른 소리》 등을 번역했다. 그는 암울했던 70, 80년대에 해방신학, 노동신학, 환경신학 등을 소개하였다. 그 당시 사회 문제에 관심을 가지고 있던 사람들은 가톨릭 신자가 아니어도 '분도출판사'라는 이름은 잘 알고 있었다. 그는 베스트 셀러가 된 《몽실언니》, 《아낌없이 주는 나무》, 《꽃들에게 희망을》 등을 포함하여 400여 권의 책을 출간했다.

그는 이 땅의 민주화에도 크게 기여했다. 유럽이 초토화되어가던 2차 세계대전 당시 전기 기술자였던 그의 아버지는 나치에 반대하다가 고향에서 쫓겨났다. 그 자신도 정의감이 투철했다. 일곱 살이던 1942년, 학교 교사가 칠판 위의 히틀러 사진을 가리키며 "저분이 누구냐"고 물었을 때, 다른 아이들 대부분은 "위대한 총통 각하"라고 했지만, 그는 "저 사람은 전쟁을 일으킨 범죄자"라고 답할 정도였다. 그는 광주민주화 현장의 증언을 녹음하여 그 테이프를 유포시키다가 고초를 당했다. 그는 끝까지 좌파적 성향을 유지하면서도 북한에 동조하지 않았다. 그는 1997년 북한에 가본이후로 북에 대한 환상이 깨졌다고 말했다. 1966년 한국에 처음 왔을 때 남한은 무척 가난했는데 북한은 그때의 한국보다 못하다고 했다. 북한은 지도자를 신으로 떠받들고 민중에 대한 관심은 없고 북한 전체가 감옥 같다고 말할 정도로 그는 남북을 객관적 시각으로 바라보는 사람이었다.

그는 좋은 영화는 사람의 가치관을 바꿀 수 있다고 믿었다. 그는 예수는 복잡한 이론을 강요하지 않는다고 말하며, 예수가 즐겨 썼던 쉽고 편안한 비유들을 영화가 할 수 있다고 믿었다. 그는 예수가 현재 살고 있다면 분명 영화감독이 되어 메시지를 전할 것이라고 말했다. 그는 대학가와 성당을 찾아다니며 영사기를 돌린 '영화 사목자'였다.

20대 초반에 각혈을 하고 요양원에 입원하여 절망과 실의에 빠져 있던 필자는 세바스티안 신부가 보여준 여러 편의 영화를 통해 삶의 고단함과 부조리, 역경을 극복하고자 하는 의지의 중요성 등을 생각하며, 시대를 진지하게 고뇌하는 법을 배웠다.

3부
디오니소스적 삶을 위한 변명

별을 보여 주십시오

" '별이 빛나는 창공을 보고 갈 수가 있고 또 가야만 하는 길의 지도를 읽을 수 있던 시대는 얼마나 행복했던가? 그리고 별이 길을 환히 밝혀 주던 시대는 얼마나 행복했던가?' 루카치의 《소설의 이론》 첫 부분을 다시 읽어 봅니다. 한 편의 서정시처럼 읽히는 이 구절은 원래 루카치가 자아와 세계가 행복한 조응을 이루던 고대 희랍 서사시의 세계관을 두고 한 발언이었습니다. 어느 시대 어느 상황에서나 사람들을 이끌어 주는 별이 있어야 함을 떠올리며 오늘 강의를 시작할까 합니다. 강의를 준비하면서 다양한 자료들을 찾아보며 많은 생각을 했고, 오늘은 한 시간 일찍 캠퍼스에 도착했습니다. 학생들을 살펴보니 옷차림이 비교적 단정하고 표정도 밝아 보입니다. 그런데도 죄송하지만 여기에는 아무리 둘러보아도 별도 없고, 지도도 없고, 이 상태로는 오늘도 내일도 어둡기만 할 것 같습니다."

몇 해 전 어느 대학 교수협의회 요청으로 '수험생 감소와 대학의 생존전략'에 관해 강연을 할 때, 그 대학에는 낙관적이고 역동적인 에너지가 느껴지지 않아 희망이 없어 보인다며 다소 자극적인 어투로 말문을 열었다. "말씀이 좀 지나친 것 같습니다. 우리 대학에 희망이 없다니요. 우리 대학만 그렇습니까? 모든 대학들이 다 침체되어 있습니다. 학생들의 수준은 날이 갈수록 떨어지는데 어떻게 하란 말입니까? 입시전문가라면 실상을 좀 더 객관적으로 정확하게 파악해야 할 것 같습니다." 한 교수가 벌떡 일어나서 이렇게 반발했다.

대학의 위기를 좀 더 절실하게 제기하기 위한 필자의 작전이 성공했다고 생각하면서 그 교수님의 소속 대학과 학과를 묻고는 말을 이었다. "죄송합니다. 저를 부른 이유는 현재 대학이 처한 상황을 좀 더 절실하게 아니, 절박하게 이해하고 좋은 해법을 찾기 위해서입니다. 듣기 거북한 이야기도 해야 할 것 같아 한 말이니 이해해 주십시오. 교수님께 묻겠습니다. 교수님께서는 올해 교수님이 속한 학과의 신입생 합격점이 얼마인지 아십니까?"

그 교수님은 다소 머뭇거리며 몇 점이라고 말했다. 필자는 자료를 펼쳐서 그 학과 신입생 중 3차로 추가 합격된 학생에 관한 자료를 공개했다. "교수님이 알고 있는 점수보다 50점이나 낮은데도 이 학생은 그 학과에 합격했습니다. 교수님께서는 자기가 가르치는 학생들의 수준을 모르면서 학생들의 눈높이에 맞는 강의를 할 수 있다고 생각하십니까? 학생의 수준을 모를 때 교수와 학생은 강의실에서 서로 겉도는 법입니다. 교수님은 학생의 수준이 낮다고 한탄하고, 학생은 교수가 무슨 말을 하는지 모른다고 불평하는 것입니다. 이 대학 교수님들의 연봉은 전국 최고 수준입니다. 교수님께서는 학생들의 답답함과 절망감을 아시는지요. 교수님께서는 학생 하나를 취직시키기 위해 기업체를 몇 번이고 찾아가 보신 적이 있습니까?" 그 교수님은 더 이상 추가 질문을 하지 않았다.

"70~80년대 대학생들은 하늘을 보면 별이 있었습니다. 별을 바라보며, 별빛으로 지도를 읽으며 따라가다 보면, 고시에 합격하거나 대기업에 취직도 할 수 있었습니다. 그것은 과거의 일이고 지금은 세상이 변했다고 원망만 하고 있을 수는 없습니다. 대부분 대학들이 우수 신입생을 확보하려고 사생결단의 자세로 학교 홍보를 위해 전국을 돌아다닐 때, 상당수의 지방 대학들은 '아직은 괜찮다'는 안일함 또는 '가는데 까지 가보는 거야'라는 자포자기의 심정으로 위기 타개를 위해 최선을 다하지 않았습니다."

오늘도 수도권 명문대학들은 전국을 찾아다니며 입시 설명회를 하고 있다. 그 대학들은 가만히 있어도 수시와 정시 모집에서 수십대일의 경쟁률을 유지하기 때문에 별로 답답할 것이 없다. 그래도 열심히 찾아가서 학생, 학부모와 끊임없이 소통하며 자기 대학의 교육프로그램과 비전을 설명한다. 지역대학들도 우수 수험생들을 붙잡기 위해 매력적인 유인책을 내놓고 적극적으로 홍보해야 한다. 학생들이 길을 찾고, 지도를 읽는데 아무 지장이 없는 별, 빛나는 별이 있음을 보여주어야 한다.

'엄마의 방'이 있습니까?

"흐르는 강물을 바라보니 꿈 많았던 어린 시절의 일들이 주마등처럼 스쳐지나 갑니다. 당신은 집에서 아이들만 잘 키우라고 했지만, 아이들은 우리 뜻대로 되지 않았고, 당신은 나의 수고와 절망을 이해하려 하지 않았습니다. 내 수중엔 돈 한 푼 없고 내 귀에서는 늘 환청이 들립니다. 나는 힘들 때 친정어머니 산소 외에는 혼자 마음껏 울 수 있는 장소조차 없습니다."

자살을 결심한 어느 여인이 일기장에 적은 유서의 첫 머리다. 우연히 유서를 훔쳐본 남편이 아내에게 무심했던 자신을 뉘우치며 아내를 입원시켜 놓고 조언을 구하러 필자를 찾아왔다. 필자는 그 유서를 읽으며 불현듯 버지니아 울프와 《자기만의 방》을 떠 올렸다.

"흐르는 저 강물을 바라보며 당신의 이름을 목 놓아 불러봅니다. 레너드 울프, 저의 처녀 때의 이름 버지니아 스티븐이 당신과 결혼하면서 버지니아 울프가 된 것을 한 번도 후회한 적이 없습니다. 제 나이 예순, 인생의 황혼기이긴 하지만 아직 더 많은 일을 할 수 있는 나이에 스스로 생을 마감할 생각입니다." 마지막 소설 《세월》을 탈고한 후 1941년 3월 어느 날, 주머니 속에 돌을 채우고 오즈 강물에 몸을 던진 버지니아 울프가 남긴 유서의 첫 부분이다.

앞의 유서는 남편과 자녀와 자신에 대한 원망이 가득하고, 뒤의 유서는 유년의 상처를 이해해 준 남편에 대한 감사의 마음으로 시작한다는 차이만 있을 뿐, 시공의 차이에도 불구하고 두 여인 모두 극심한 우울증으로 자살을 생각하며 유서를 썼다.

버지니아 울프는 제인 오스틴이 《오만과 편견》을 쓴 곳은 그녀만의 공간에서가 아니었음을 지적한다. 울프는 오스틴이 그 대작을 가족 모두가 함께 기거하는 공동거실에서 집필했다는 사실을 상기시키며 억압받는 여성들에 대해 이야기한다. 버지니아 울프는 소설 《자기만의 방》에서, 만약 여성이 자유의 문을 열 수 있는 두 가지 열쇠만 찾을 수 있다면 미래에는 여성 셰익스피어가 나올 수 있다고 주장했다. 그 열쇠란 '고정적인 소득'과 '자기만의 방'이다. 소설 속에서 주인공은 투표권과 돈을 선택하라고 하면 돈을 선택하겠다고 말한다. 돈이란 사람의 마음을 자유롭게 하며, 가난으로 인해 생긴 분노를 없애줄 수 있기 때문이다.

여권 신장이 남성을 위협할 정도가 되었다는 21세기에도 한국의 여성은 가사와 자녀교육이 주는 그 모든 부담을 감당하기에는 몸과 마음이 너무 힘겹다. 남자는 남자대로 이 불황에 가족을 먹여 살리려고 바깥에서 얼마나 악전고투하고 있는지 처자식은 모른다고 항변할 것이다. 서로의 어려움만을 주장하며 일방적인 이해와 인내를 요구한다고 문제가 해결되는 것은 아니다. 부부와 자녀 모두는 대화와 소통을 통해 같이 행복할 수 있는 방법을 찾으려고 노력해야 한다.

모든 엄마들은 자신이 자녀와 남편의 몸종이 된다고 그들이 행복감을 느끼는 것이 아니라는 사실을 알아야 한다. 맹목적으로 가족의 몸종이 되는 것을 단호하게 거부하고 자신의 발전과 행복을 추구할 때, 남편과 자녀는 더 행복해 질 수 있고 자신의 존재감이 더 강하게 인식되는 경향이 있다는 점을 기억해야 한다.

톨스토이는 그의 소설 《행복》에서 연인 시절의 사랑은 세월과 더불어 다른 형태로 변한다고 말한다. 연애 시절의 낭만적 열정이 평생 유지되기 어렵다는 뜻이다. 소설 속에서 남편은 "이제 우리는 조금만 옆으로 비켜서서 각자의 공간을 마련해 주는 거야"라고 말한다. 자기만의 세계를 가질 수 있도록 서로에게 자유로운 여지를 주는 것이 부부가 추구해야 할 사랑법이라는 것이다. 부부 사이만 그렇겠는가. 부모와 자녀 사이도 마찬가지이다. 가능하다면 가족 구성원 각자는 자기의 방, 자기만의 여지를 가지는 것이 좋다. 엄마도 엄마의 방을 가져야 한다. 물리적 공간만을 의미하는 것이 아니고, 홀로 머물며 자신을 성찰하며 삶을 음미할 수 있는 정신적 독립 공간이 필요하다는 말이다. 남편과 자녀는 엄마의 수고를 인정하고 진심으로 감사하며 '엄마의 방'을 만들어 주어야 한다. 엄마가 건강하고 행복해야 온 가족이 함께 행복할 수 있기 때문이다.

디오니소스적 삶을 위한 변명

우리 주변엔 두 유형의 아이들이 있다. 한쪽은 하루 종일 책상에 앉아 공부만 한다. 다른 한쪽은 온종일 컴퓨터나 휴대전화, MP3만 만지작거리며 보고 듣는 일에만 몰두한다. 어느 쪽이든 극단에 치우치면 시간의 경과와 더불어 심각한 문제가 발생한다. 공부할 때는 공부에 몰입하고, 놀 때는 모든 것 다 던져버리고 신나게 놀 줄 아는 아이들이 많지 않은 현실이 안타깝다. 종일 책만 잡고 있는 아이들은 시간이 갈수록 스스로 감당할 수 없는 만성피로에 빠지게 되며, 노력에도 불구하고 원하는 결과를 얻지 못할 때는 극심한 좌절감에 빠져 어느 순간 모든 것을 포기해 버린다. 공부는 뒷전이고 말초신경을 자극하는 쾌락에 빠져든 아이들은 미래에 대한 구상도 없고, 내일을 위해 오늘의 어려움을 기꺼이 감수하고자 하는 의지도 없다.

그리스 신화에서 아폴론은 태양의 신으로 법과 질서를 상징하는 이성적인 존재다. 디오니소스는 술과 시를 관장하는 신으로 대지의 풍요를 상징한다. 아폴론은 냉철한 균형과 조화를 상징한다. 아폴론적 예술은 단정하고 엄격하며 차분한 형식미를 강조한다. 디오니소스적 예술은 격정과 황홀경을 강조한다. 니체는 그리스 조각상의 균형미를 아폴론적 예술의 대표적인 예로, 힘이 넘치는 충동적인 음악과 무용을 디오니소스적 예술의 전형으로 간주했다. 니체는 아폴론적 균형이 지나치면 과도하게 지적인 삶을 동경하게 되고, 디오니소스적 도취가 지나치게 허용되면 타락으로 빠져들기 쉽기 때문에 양자 조화를 추구하는 것이 올바른 삶이라고 말했다.

필자가 상담한 학생들 중에는 부모가 지나치게 엄격하여 활력과 생기를 잃어버린 학생들이 많다. 이런 아이들은 부모가 짜준 계획대로 움직여야 하며, 그렇게 하고 나면 반드시 부모가 예상한 결과가 나와야 한다. 그렇지 못한 경우에는 심한 꾸중과 함께 능력을 비하하는 평가를 듣게 된다.

이런 일이 여러 번 반복되고 나면 아이는 스스로 능력이 없다고 생각하여 자신감을 상실하게 된다. 이런 학생들은 공부 외의 모든 것은 죄악이라고 생각한다. 아이에게 조금의 빈틈도 용납하지 않는 부모는 엄격한 규율과 통제만이 아이를 바르게 이끌어 준다고 믿는다. 이런 부모 밑에서 자란 아이들은 여유 시간이 생겨도 스스로 즐길 줄을 모른다. 소풍가서도 공부 걱정을 한다. 예술은 가상의 아름다움과 도취를 통해 현실적 삶에 다양하고 풍부한 의미를 부여한다.

예술작품을 통해 우리는 감정이 고양됨을 느끼고 때론 현실을 초월할 수 있는 어떤 초자연적인 힘이 자신에게 있음을 깨닫게 된다. 아폴론이 미와 빛의 신이라면 디오니소스는 도취와 그늘의 신이다. 밝고 아름다운 꽃을 피우기 위해서는 지하 어두운 곳에서 영양을 섭취하는 노력이 있어야 하듯이, 아폴론은 디오니소스의 협동이 있어야 제대로 그 역할을 수행할 수 있다. 아폴론이 깨어있는 정신이라면 디오니소스는 도취되어 있는 감동이다. 우리의 삶과 예술, 때론 공부조차도 깨어있는 이성과 취한 감동이 주기적으로 결합될 때 가장 아름답고 바람직한 결과를 얻을 수 있다.

우리는 아이들에게 너무 아폴론적인 것만을 강요하는 경향이 있다. 때로 자연과 예술 작품을 통해 디오니소스적인 도취와 감동, 감정의 고양과 비약 등을 경험하게 해야 한다. 니체는 그의 저서 《비극의 탄생》에서 세상은 밝은 면과 어두운 면이 있는데, 소크라테스가 아폴론적인 것만을 문제로 삼고 디오니소스적인 면은 문제로 삼지 않았기 때문에 그리스인은 본능의 강점을 잃었을 뿐만 아니라, 생의 근원, 신화적인 깊이마저 상실했다고 주장했다. 변화를 확신할 수 없고 현실적인 고뇌에서 벗어날 수 없을 때, 때론 가상과 환영 속에서 구원의 길을 찾을 수 있다. 니체는 개념으로 만들어진 딱딱한 세계를 벗어버리는 것이 예술의 세계라고 했다. 교실과 교과서에 너무 오래 갇혀 꿈과 몽상, 신명을 잃어버린 아이들에게 예술작품을 접하게 하자. 인간은 예술작품을 통해 근원적인 삶의 혁명을 경험할 수 있다.

읽지 않은 책 쌓아두기

"책장을 여는 것은 여자의 다리를 벌리는 것과 같다. 지식이 내 눈 앞에 드러난다는 점에서 그렇다. 모든 책들은 각각 제 나름의 냄새를 가지고 있다. 책을 하나 열고 숨을 들이쉬면 잉크 냄새를 맡을 수 있는데, 책마다 그 냄새가 다르다. …(중략)… 아무리 바보스러운 책이라도 처음 그 책을 여는 순간엔 내게 기쁨을 준다."

짧은 생애 동안 뭇 여성을 사랑하다가 연적과의 결투로 얻은 상처 때문에 죽은 푸시킨이 한 말이다. 다소 선정적으로 들릴지 모르나 우리가 귀 기울여 볼만한 재미있는 표현이다.

박학다식하고 재기 발랄한 통찰력을 가진 움베르토 에코는 3만 권의 장서를 갖춘 개인 서재를 가지고 있었다. 그는 자신의 서재를 방문하는 사람들을 두 부류로 나누었다. 첫째는 서재의 규모와 장서의 수에 놀라면서 저 많은 책을 다 읽었느냐고 묻는 부류이고, 둘째는 개인 서재란 혼자 우쭐하는 장식물이 아니라, 연구를 위한 도구라는 사실을 정확하게 이해하는 사람들이다. 두 번째 부류의 숫자가 훨씬 적다.

에코는 〈우리는 얼마나 많은 책을 읽지 못했는가〉라는 글에서 흥미로운 계산을 보여주고 있다. 프루스트나 토마스 아퀴나스의 작품은 제대로 읽으려면 몇 달이 걸리겠지만, 평균 분량의 책 한 권을 읽는 데는 대개 4일 정도 걸린다.《봄피아니 작품 사전》이라는 문학 목록 책에 수록된 작품 수는 1만 6천350편이다. 여기에 4일을 곱하면 6만5천4백 일이 된다. 이를 365일로 나누면 거의 180년이 된다. 따라서 그 누구도 중요한 문학 작품을 다 읽을 수는 없다는 것이다. 여기에다 철학, 역사, 과학, 기타 사회과학 관련 책까지 읽으려면 무한한 시간이 요구된다. 개인 장서 3만 권이 넘는다는 것은 아예 안 읽었거나, 완독하지 않은 책이 절반을 넘을 수 있다는 의미다.

《블랙 스완》의 저자인 나심 니콜라스 탈레브는 읽은 책만 가득한 서재는 매력이 없다는 에코의 말에 동의하면서 재력이 있든 없든, 장기 대출 이자율이 오르든 말든, 최근 부동산 시장이 어려워지든 말든, 서재에는 우리가 모르는 것과 관련된 책으로 채워야 한다고 말한다. 우리는 아직 읽지 않은 책을 부당하게 경멸해서는 안 되며, 읽지 않은 책의 중요성을 알아야 한다고 강조한다.

지나치게 영상매체에 길들여지면 상상력이 고갈되고 창의력이 급격하게 저하된다고 학자들은 지적한다. 우리는 지금 영상매체가 활자매체를 압도하는 정도가 너무 지나친 상황을 냉정하게 바라보아야 한다. 풍부한 상상력과 창의력은 지식 기반 사회에서 사활의 관건이 된다. 예술적 감각이 결여된 인간에게 발랄한 상상력과 독창적인 창의력을 기대할 수는 없다. 학창시절 다양한 독서로 인문적 교양을 쌓고, 제대로 된 예체능 교육을 통해 풍부한 감성을 배양하고, 적절한 운동을 통해 건강한 몸을 만든 자만이 나중에 힘을 발휘할 수 있다.

대다수의 부모는 자녀들이 열심히 공부하여 명문대학에 진학하길 바라면서 온갖 수단을 동원하여 자녀의 성적을 올리려고 애쓴다. 그러나 좋은 학원을 찾거나 잠을 줄여 공부시간을 늘인다고 성적이 오르는 것은 아니다. 꿈과 열정, 변화에 대한 확신, 자신감과 자존감을 가지고 있는 학생은 부모가 간섭하지 않아도 스스로 공부한다. 문제는 이런 능력은 교과서와 교실에서는 제대로 얻을 수 없다는 것이다. 문학과 예술 작품을 통하여 진한 감동을 경험할 때 꿈을 꾸게 되고, 내면에서는 꿈을 실현하고자 하는 열정이 끓어오르게 된다.

책읽기가 습관화 되려면 늘 책에 노출되어야 한다. 다시 말하면 주변이 온통 책으로 둘러싸여 있으면 가장 좋다는 뜻이다. 자녀들의 학력 신장을 위해 바치는 돈의 십분의 일에 해당하는 액수만큼만 매달 책을 사서 거실이나 가족 공동의 서재에 비치해 보자. 다 읽지는 못했지만 좋은 책을 집안에 쌓아두면 보는 것만으로도 가슴이 뿌듯해지고, 어느 시점에서는 손을 뻗어 책을 잡게 될 것이다.

깊어가는 가을, 릴케

어느 날 아침, 갑자기 라이너 마리아 릴케의 책을 읽고 싶었다. 그의 소설 《말테의 수기》를 서가에서 뽑았다. 빛바랜 붉은 표지, 누렇게 변색된 종이, 한자가 섞인 세로판, 모든 것이 고색창연했다. 너무 오래 잊고 있었다는 미안함에 표지에 입을 맞추고, 책을 펼쳐 냄새를 맡았다. 서향이 온 몸으로 스며들자 머리가 맑아졌다. '보문각'에서 1960년에 초판을 찍었고, 내가 가진 것은 1966년에 나온 6판이다. 나는 이 책을 고교시절 대구 시청 옆 어느 헌책방에서 샀다.

매일 아침 사무실에 가기 위해 나는 만촌 네거리에서 좌회전해야 한다. 그날은 나에게서 신호가 끊겼다. 신호가 바뀔 때까지 잠시 읽을 생각으로 조수석에 둔 《말테의 수기》를 집어 들고 첫 장을 펼쳤다. "사람들은 살기 위하여 이 도시로 모여드는 모양이다. 그러나 나는 오히려 여기서는 모두가 죽어 버린다는 생각밖에 들지 않는다." 그 책을 처음 읽을 때의 감동이 온전히 되살아났다. 이 책을 처음 구입하던 날, 이 첫 구절에서 얼마나 충격을 받았던가. 스물여덟 살의 무명 시인 말테는 절망의 고향을 떠나, 살기 위하여 이국의 대도시로 온다. 천애의 고아인 그가 가진 것이라고는 트렁크 한 개밖에 없다.

연인도 아는 사람도 없이 그는 고독과 싸우면서 거리의 풍경을 바라본다. 눈에 띄는 모든 것은 처참한 인생과 패잔의 풍경뿐이다. 그러나 그는 절망이나 허무에 빠지지 않고 고독과 싸우면서 새로운 길을 찾을 결의를 한다. 그는 삶과 죽음, 사랑과 신의 존재를 서로 연결하는 궁극의 길을 추구했다. 그는 죽음을 우리 삶의 주춧돌로 받아들였다. 죽음은 삶의 생명력을 더하게 한다는 점을 깨우쳐 주었다. "나는 이 작품을 쓰고 나서는 죽어도 좋다"라고 했을 정도로 그는 악을 쓰며 이 소설을 썼다. 젊은 날 릴케와 밤을 지새우던 추억이 밀물처럼 밀려왔다.

누군가가 내 운전석 창문을 두드려 문을 내렸다. "…정신

없는 놈, 이 바쁜 아침 시간에" 앞에 말은 차마 입에 담을 수가 없다. 책을 읽다가 생각에 잠겨 신호가 바뀌는 것을 보지 못한 것이다. 무조건 잘못했다고 사과했다. 경적을 세 번 울렸는데도 꼼짝도 하지 않았다는 것이다. 난 한 번도 듣지 못했다. 미안했지만 내 집중력과 몰입이 자랑스럽기도 했다. 사무실에 올라와 무명시절의 가난한 릴케를 떠올려 보았다.

"여보 난 지금 아무것도 가진 게 없소. 달랑 강아지 한 마리와 책 몇 권이 다요. 장미 한 송이 살 돈이 없소" 릴케는 잠시 조각가 로댕의 비서를 한 적이 있다. 로댕은 릴케를 혹사시켰다. 하루에도 여러 통의 편지를 쓰게 했다. 성미가 고약한 로댕은 릴케를 함부로 부려먹다가 해고했다. 이름 없는 시인 릴케는 가난하고 고독했다. 그러나 그는 다 참아냈다. 고독이 존재의 뿌리가 될 때까지 삶과 죽음, 가난과 고독의 의미를 묻고 또 물었다. "장미 한 송이 살 돈도 없소"라는 구절에서 나는 숨이 턱 막혔다. 보통 사람 같으면 "여보, 내겐 라면 한 봉지 살 돈도 없소"라고 썼을 것이다. 위대한 영혼은 이렇게 다른 것이다.

헌책방에서 표지가 다 떨어져 가는 시집을 한 권씩 사서 마을 뒷산 호수에 앉아 시간 가는 줄 모르고 읽곤 하던 고교

시절을 떠올려 본다. 그때 읽은 글들이 지금의 나를 지탱해 주는 영혼의 양식이 되었다. F.베이컨은 "독서는 완성된 사람을 만들고, 담론은 기지 있는 사람을 만들고, 작문은 정확한 사람을 만든다"라고 했다. 젊은 날의 독서와 글쓰기는 상상력과 사고력의 지적 근력을 강화시켜준다. 보고 듣는 일에 익숙해져 있는 사람들은 여백의 시간을 견디지 못한다. 특히 우리 자녀들은 끊임없이 보고 듣고 만지작거리며 검색해야 한다. 창조는 권태와 밀접한 관계가 있으며, 고독은 창조의 어머니임을 알아야 한다.

겨울 산을 오르며

겨울 산을 오르면서 나는 본다.
가장 높은 것들은 추운 곳에서
얼음처럼 빛나고,
얼어붙은 폭포의 단호한 침묵.
가장 높은 정신은
추운 곳에서 살아 움직이며
허옇게 얼어터진 계곡과 계곡 사이
바위와 바위의 결빙을 노래한다….

겨울 산을 오르며 조정권 시인의 〈산정묘지〉를 읊조려 본다. 정상이 다가올수록 숨은 가빠지지만 머리는 맑아진다. 잠시 발걸음을 멈추고 겨울 언덕 눈보라 속에 홀로 서 있는 소나무를 바라본다. 가장 높은 정신은 저 소나무처럼 가장 추운 곳을 향하는 법이다.

우리 사회는 지금 빈부 갈등, 계층 갈등, 세대 갈등, 남북 갈등, 남남 갈등 등 무수한 갈등 때문에 힘을 소진하고 있다. 그 다양한 갈등이 나 자신과 이웃, 우리 모두가 몸담고 있는 사회의 활력을 떨어뜨리고, 궁극에는 삶의 터전 자체를 파괴하고 있다. 곳곳에 포진해 있는 갈등과 불평등, 온갖 종류의 격차와 편견을 해소하지 않고서는 어느 누구도 궁극적으로 행복해질 수가 없다. 이웃이 굶고 있는데 내 배만 불러서는 오래 행복할 수 없다. 이웃이 아파하고 고통스러워하는데 나만 기분 좋다고 마냥 기뻐할 수는 없다. 내가 상대방의 입장이 되어 볼 때 많은 문제들은 보다 쉽게 해결된다.

감정이입은 다른 사람의 몸과 마음을 통해 세계를 지각하는 것이다. 루트번스타인 부부가 《생각의 탄생》에서 기록하고 있는 감정이입에 탁월했던 몇몇 예술가와 과학자들의 말에 귀 기울여 본다. 철학자 칼 포퍼는 새로운 이해를 얻을 수 있는 가장 유용한 방법은 '공감각적인 직관', 혹은

'감정이입'이라고 생각했다. 감정이입이란 '문제 속으로 들어가 문제의 일부가 되는 것'을 말한다. 배우는 극중 인물이 되어야 그 인물처럼 연기할 수 있다. 동물을 연구하는 사람은 자신이 동물처럼 생각하며 느끼려고 해야 한다. 사냥을 잘하려면 그 동물처럼 행동하고 생각하는 법을 배워야 한다. 알퐁스 도데는 "작가는 묘사하고 있는 인물 속으로 들어가야 한다. 그의 몸속으로 들어가서 그의 눈으로 세상을 보고 그의 감각으로 세상을 느껴야 한다"라고 했다. 버지니아 울프는 작업 중에 자신이 바라보고 있는 사물이 될 때까지 계속 앉아서 그것을 바라보곤 했다.

감정이입 훈련은 왕따와 학교 폭력에 대한 근본적인 해결책이 될 수 있다. 학생들이 왕따를 당하는 급우, 폭력을 당하는 친구의 입장이 되어 보면 그런 행동이 얼마나 끔직한 것인지 잘 알게 될 것이다. 물리적인 환경도 중요하다. 아이들에게 공부만을 강요하며 그들을 실내에만 가두어 두어서는 안 된다. 아이들은 같은 또래 다른 아이들과 운동을 하며 협동과 양보의 정신을 배워야 한다. 아쉽고 억울하지만 깨끗하게 패배를 받아들이며 승자를 축하해 주고, 승리를 기뻐하면서도 패자의 어깨를 두드려주는 겸양의 미덕을 배워야 한다. 방안에 박혀 컴퓨터에만 매달려 있지 말고 밖으로 나가 자연의 경이와 신비를 맛볼 수 있어야 한다. 스스로 나무가 되고 숲이 될 때까지 서 있어 보아야 환경의 소중함을 깨닫게 된다.

공부만을 강조하는 분위기에서는 소수의 학생을 제외하고는 학교생활이 재미없다. 학업에서 성취감을 못 느끼는 학생들 상당수가 밤에는 컴퓨터에 몰두하고 낮에는 잠을 잔다. 이들에게는 밤낮으로 전개되는 일상사가 화면 속의 게임과 같다. 화면 속 폭력이나 현실의 폭력이 별반 다르게 느껴지지 않고, 현실에서 일어나는 죽음이 게임 속의 죽음과 별로 차이가 없다. 그러니까 별 생각 없이 친구를 괴롭히는 것이다. 부모는 아이들이 인류 공동의 양식인 고전작품을 읽도록 도와주어야 한다.

고전이란 시간과 공간을 초월하여 항상 현재적인 의미와 가치를 가지는 작품을 말한다. 부모가 감동받았던 작품을 자식이 공감하며 읽을 때, 깊이 있는 대화는 가능하고 세대 갈등 또한 해소될 수 있다. 작중 인물과 함께 기뻐하고 슬퍼하는 공감의 과정은 그 무엇과도 비교할 수 없는 감정이입 훈련이 된다.

놀토와 자기통제력

　상당수의 학부모들은 '남보다 빨리', '남보다 많이' 공부
해야 경쟁에서 이길 수 있다고 생각한다. '남보다 빨리'는
선행학습이라는 미명하에 사교육 열풍을 주도하고 있으며,
'남보다 많이'는 학생들의 휴식권과 수면권을 심각하게 침
해하고 있다. 이런 풍토 속에서 주5일제가 도입되었지만,
학생들은 별로 감흥이 없다. 놀토라고 해서 자신이 선택할
수 있는 것은 거의 없기 때문이다. 많은 학부모들은 부모가
학습 계획을 세우고 자녀들을 강하게 몰아붙이면 반드시
효과가 있다고 생각한다. 이런 방식은 초중학교 때까지는
어느 정도 효과가 있지만, 고등학교에 가면 별로 소용이 없

다. 일반적으로 자기주도 학습 방법을 터득한 학생들이 공부를 잘한다. 자기주도 학습은 자기주도적 생활이 전제되어야 한다. 자기주도적 생활습관을 확립하기 위해서는 필요할 때 자신의 감정, 생각, 행동 등을 잘 통제할 수 있어야 한다.

1960년대 말, 스탠퍼드 대학의 심리학자 월터 미셸은 자기통제의 원리를 알아내기 위해 유치원생을 대상으로 실험을 했다. 실험에 사용한 과자 중에 초코파이에 들어가는 달콤하고 쫀득한 마시멜로가 있었기 때문에 이 연구는 '마시멜로 실험'이라고도 한다. 아이들을 한 명씩 빈방으로 불러 과자를 주고는 실험자가 잠시 나갔다가 올 때까지 과자를 먹지 않고 참으면 나중에 과자를 하나 더 주겠다고 했다. 어떤 아이는 실험자가 나가자마자 과자를 먹었고, 어떤 아이는 힘들게 참다가 결국 과자를 먹었다. 실험자가 돌아올 때까지 용케 참는 아이도 있었다.

아이들이 과자를 바라보면서 먹고 싶은 것을 참기란 매우 어렵다. 과자를 바라보고 있으면서 참으려고 한 아이들은 대부분 실패했다. 과자를 먹지 않고 참을 수 있었던 아이들은 다른 비결을 가지고 있었다. 그들은 과자를 먹고 싶은 유혹과 싸우지 않았다. 그들은 눈을 감거나 과자에서 등을 돌리고 앉거나, 노래를 부르거나. 책상 밑으로 들어갔다. 즉 주의를 다른 곳으로 돌림으로써 과자를 잊었다. 미셸은 이런 행동을 '주의의 전략적 배분〔strategic allocation of attention〕'이라 불렀다. 마시멜로 실험은 자기 통제가 무조건 참고 견디는 신비한 정신력이 아니라, 사실은 체계적인 기술이라는 사실도 확인시켜 주었다.

과자를 먹지 않고 오래 버틴 아이들은 커서도 학업 성적이 우수하고, 교우 관계도 원만하며 스트레스도 잘 관리한다는 사실이 밝혀졌다. 일반적으로 자기 통제를 잘하는 사람들은 행복하고 새로운 환경에 적응도 잘하고 건강하다. 직장이나 학교에서 일어나는 각종 성취는 자기통제와 상관관계가 높다. 청소년들의 성적은 지능보다는 자기통제에 더 많이 좌우되고, 대학생들의 학점도 수능점수보다는 자기통제가 더 크게 영향을 미친다.

심리학자 로이 바우마이스터는 대학생들을 상대로 마시멜로 실험과 비슷한 '순무 실험'을 했다. 실험실에 과자와 초콜릿, 순무를 쌓아놓고 밥을 굶은 대학생을 하나씩 실험실로 불러 어떤 학생에겐 과자나 초콜릿을 먹게 하고, 어떤 학생에겐 맛없는 순무를 먹게 했다. 눈앞에 과자를 보며 순무를 먹게 된 학생은 과자를 바라보며 침을 삼키거나 과자를 집어 들고 향을 맡아보기도 했다. 그런 다음 절대 풀리지 않는 퍼즐을 주고 풀게 했다. 과자나 초콜릿을 먹은 학생들은 평균 20분 동안 퍼즐을 풀려고 노력했다. 그러나 과자나 초콜릿의 유혹을 참으며 순무를 먹은 학생들은 평균 8분 만에 퍼즐 풀기를 그만두었다. 이 실험을 통해 바우마이스터는 의지력은 한정된 자원〔limited resource〕이라고 주장했다. 순무를 먹은 학생들은 과자의 유혹을 참는데 의지력을 다 써 버렸기 때문에 퍼즐을 푸는 데 쓸 의지력이 많이 남아있지 않았던 것이다. 이 실험은 우리 사회의 가난한 아이들이 학업 성취도가 낮은 이유를 잘 설명해 준다.

자기통제력의 핵심은 무조건 참는 데 있는 것이 아니다. 공부가 안 되는데 이를 악물고 책상 앞에 앉아 있어 봐도 아무 소용이 없다. 그럴 때는 참지 말고 바깥에 나가 뛰어노는 것이 더 낫다. 자기통제력을 키우고 주중에 더욱 학업에 몰두하기 위해서는 주말에 운동하거나 자율적으로 휴식을 취하는 시간을 가져야 한다. 잘 노는 학생이 자기통제도 더 잘한다. 이제 놀토의 자율적, 생산적 활용을 깊이 고민해야 할 때다.

무관심과 방임이라는 학대

"애가 왜 이렇게 공부를 안 하는지 모르겠어요. 어릴 때부터 남들이 좋다고 하는 것은 안 해 준 적이 없어요. 모든 것 다 해주고, 다 사주다 보니 세상 물정을 모르는 것 같아요. 어려서 고생은 사서라도 한다는데 내가 잘못한 것 같아요. 선생님께서 좀 호되게 꾸짖어 이 아이가 정신 번쩍 들게 좀 해 주십시오."

자녀와 함께 상담하러 온 엄마들 상당수가 자리에 앉으며 맨 먼저 하는 말이다. 가만히 엄마의 이야기를 듣고 있는 학생에게 "우리 같이 이야기 해 볼까?"라고 물어보면 대부분 학생들은 엄마가 밖으로 나가야 상담을 하겠다고 우긴다.

엄마를 일단 밖으로 내보내고, 상담자는 어떤 말을 해도 원하지 않으면 엄마에게 이야기하지 않겠다고 약속하며 편안한 분위기를 만든다.

무슨 말이든 다 들어주고, 어떤 이야기를 하든지 경청해 줄 것이라는 믿음을 가지게 하면 대부분 아이들은 입을 연다. "엄마는 과외 시켜주고, 학교와 학원에 태워주고, 시험 못 치면 다른 집 아이와 비교하며 꾸중하는 것 외에는 아무것도 해 주는 것이 없어요. 아빠는 늘 늦게 오시고, 어릴 때 고생한 이야기나 하며, 저더러 참을성 없다고 나무라시기만 합니다. 시험 성적이 안 좋을 때마다 되풀이 되는 엄마의 잔소리와 아빠의 냉소적인 표정이 저를 미치게 만듭니다. 내가 왜 힘들어 하는지 들어주려고 하지 않아요."

오늘의 부모는 돈으로 가능한 일이라면 어떤 희생을 감수하더라도 자녀를 위해 모든 지원을 아끼지 않는다. 다양한 캠프, 문화 탐방, 해외 연수 등 그 종류는 이름을 다 나열하기 힘들 정도로 많다. 그렇게 밀어 주고 난 뒤, 아이가 기대에 상응하는 성취를 즉시 얻지 못하면 대다수 부모는 자녀를 혹독하게 질책한다.

아이를 공부하게 하려면 부모는 아이의 양육에 따르는 모든 수고를 기쁜 마음으로 받아들이며 그 일에서 즐거움과 행복감을 느껴야 한다. 아이가 60점을 받아오면 다른 집 아이와 비교하며 아이를 힘들게 하지 말고, 부족한 40점에 대해 부모가 격려하고 도와 줄 수 있는 일이 생긴 것을 기뻐해야 한다. 성장기에 다양하게 자극을 주고 많은 체험을 하게 하는 것은 매우 중요하다. 그러나 부모와 자식 간의 상호신뢰, 가슴 뭉클한 공감대의 형성은 그 어떤 것보다 더 중요하다. 불행하게도 이 점을 깊이 인식하고 있는 부모는 많지 않다.

실질적인 측면에서 볼 때, 자녀에 대한 무관심과 방임이 지금보다 더 심했던 적은 없을 것이다. 중앙아동보호전문기관이 몇 해 전 실시한 '전국 아동 학대 현황 보고서'에 따르면 아동학대 사례 중 방임(37.7%)이 가장 높은 비율을 차지하고 있다. 이 보고서는 방임을 다시 정서적 학대(30.1%), 신체적 학대(26.1%), 성적 학대(5.1%), 유기(1.1%) 등으로 세분했다. 정서적 학대는 객관적 기준이 모호하고 신체적 증상으로 드러나는 것이 아니어서 부모가 학대로 인식하지 못하는 경우가 많다고 했다.

또한 전체 아동 학대의 79.6%는 가정에서 발생하고 있으며, 학대 행위자의 81%가 부모라고 지적하고 있다. 부모는 아이의 성장에 최고의 후원자이면서 동시에 최악의 방해자가 될 수 있다. 오죽하면 일찍이 루소가 《에밀》 서두에서 "조물주의 손에서 나올 때는 착한 존재가 사람의 손에서 모든 것이 타락한다"라고 했겠는가.

절대 빈곤에서 벗어난 지금 끼니를 거르고 헐벗은 아이들은 거의 찾아보기 어렵다. 문제는 가난과 결핍이 물질적인 것에만 한정되는 것이 아니라는 점이다. 모든 것을 돈으로 해결하고 아침부터 잘 때까지 자녀 교육의 대부분을 남에게 맡겨 놓고 있는 부모는 자녀에 대한 무관심과 방임이 얼마나 심각한 학대인가를 잘 모른다. 자라는 아이들에게는 물질적인 가난보다도 무관심과 방임에 의한 정신적인 허기가 더 큰 상처가 된다. 성장기의 아이들에게 정서적인 안정과 행복감은 물질적인 것 이상으로 중요하다. 가능하다면 아이와 함께 몸을 많이 움직이고, 아이에게 발생하는 모든 일에 대해 함께 기뻐하고, 슬퍼하고, 무서워하고, 분노하며, 진한 공감대를 형성할 때, 우리 자녀들은 심신이 건강한 아이로 성장하게 되며, 커서 스스로를 잘 다독일 수 있는 정서적 독립심을 기르게 된다.

연두와 초록의 향연에 동참하자

"시험을 못 쳤으면 깊이 반성하고 즉시 고쳐야 하는데 조금도 태도가 달라지지 않아요. 선생님, 이 아이는 부끄러운 것도 모르고 더 나아지려는 의지도 없어요. 이런 아이에게 제가 어떻게 해야 합니까?"

중간고사가 끝나자마자 어느 어머니가 억지로 아이를 끌고 와서 앉자마자 내뱉은 말이다. "엄마는 나더러 대학 들어갈 때까지는 컴퓨터, 스마트폰, 일요일마다 친구들과 하는 축구, 프로야구 중계 시청… 모든 것 다 끊고 오로지 공부만 하라고 합니다. 제가 기계예요?" 아이는 엄마 면전에서 거칠게 항변했다.

니체는 소크라테스의 합리주의에 의해 비극은 살해되었고, 소크라테스와 더불어 비극의 시대는 끝나고 이성과 이성적 인간의 시대가 시작되었다고 했다. 세상은 밝은 면과 어두운 면이 있는데 소크라테스가 밝은 면만을 문제로 삼고 어두운 면은 문제로 삼지 않았기 때문에 그리스인은 신화적 깊이를 잃었다고 지적했다. 그는 자신의 저서 《비극의 탄생》에서 아폴론이 미와 빛, 깨어 있는 정신이라면 디오니소스는 도취와 그늘, 취한 감동을 의미한다고 했다.

니체는 삶의 방식에는 두 가지가 있다고 말한다. 오늘 즐길 수 있는 것들은 즐기면서 현재의 삶에 최선을 다하는 유형과, 요단강 건너의 천국만을 갈구하며 현실의 모든 즐거움과 쾌락을 거부하고 오직 회개와 절제, 자발적 고행, 눈물과 한숨만으로 살아가는 유형이 있다. 니체는 전자를 '희랍인적 삶'이라 했고, 후자를 '유대인적 삶'이라 했다. 희랍인은 대지에 뿌리를 내리고 살며, 그곳의 모든 추위와 더위를 기꺼이 감수하며 살아간다. 유대인은 현재의 모든 고통을 인내하며 오로지 천상의 피안만을 꿈꾸며 산다.

니코스 카잔차키스의 소설 《희랍인 조르바》 열풍이 거세다. 그 이유는 무엇일까? 우리 사회가 이성, 체면, 형식, 깨어 있는 정신 등을 너무 지나치게 강조하는데 대한 반성과 반발 심리 때문일 것이다. 소설의 주인공 조르바는 니체가 말하는 전형적인 희랍인적 삶을 산다. 그의 입은 거칠고 험하다. 그러나 그는 소외된 삶을 사는 고아와 과부의 후원자이고 버림받은 창녀의 연인이기도 하다. 조르바는 오욕의 현실을 받아들이며, 짧지만 현실에서 가능한 쾌락을 기꺼이 향유한다. 일과 휴식, 노래와 춤, 분노와 좌절, 빵과 과일을 얻기 위한 인간적인 모든 노력, 성공과 실패를 사랑한다.

모든 자본을 다 털어 넣고 공사를 하던 중, 모든 구조물이 무너져 내려 산산조각 나고, 소설 속의 나와 조르바 두 사람은 빈털터리가 된다. 그러나 두 사람은 동정과 경멸의 언어만 남은 빈 자갈밭 위에서 밤이슬이 내릴 때까지 춤을 춘다. 그때 조르바는 말한다. "희랍인은 패배할 수는 있으나 파멸될 수는 없다." 조르바는 실패와 고통, 그 모든 것을 담담히 받아들이고 사랑하는 희랍인으로 살아가기를 갈망한다.

최근 한국직업능력개발원이 우리 중고교생들이 지난 10년간 수리·논리력을 빼고는 자연 친화력, 창의력, 언어능력, 자기 성찰력 등 모든 능력에서 퇴보했다는 조사 결과를 발표했다. 개인뿐만 아니라 국가의 미래를 생각할 때 충격적인 보고서다. 우리는 자녀들에게 너무 유대인적인 삶을 강요한다. 대학이라는 천국, 젖과 꿀이 흐르는 명문대학에 들어갈 때까지는 모든 것을 참고 견뎌내라고 강요한다. 그게 어디 말처럼 쉬운가. 밝고 아름다운 꽃을 피우기 위해서는 밝은 빛과 늘 깨어 있는 정신도 필요하지만, 지하 어두운 곳에서 영양을 섭취하는 노력도 있어야 한다. 우리의 삶과 공부와 예술은 깨어 있는 아폴론적 이성과 디오니소스적 취한 감동이 결합될 때 최상의 성과를 낼 수 있다.

소크라테스는 "성찰 없는 삶은 가치가 없다"라고 했다. 그러나 앞으로 나아갈 의욕조차도 무력하게 만들어버리는, 자기 비하에 가까운 지나친 성찰도 의미가 없다. 연두와 초록의 향연이 눈부신 계절의 여왕 오월이 무르익고 있다. 이 땅의 부모들이여, 단 하루만이라도 아이들을 들로 산으로 데리고 나가 디오니소스적인 취한 감동을 느끼게 해 주자. 이것이 아이의 미래를 위해 부모가 해 줄 수 있는 가장 확실한, 장기적 투자라는 사실을 명심하며.

시험의 순기능과 역기능

"측정이 없으면 개선도 없다."

영국의 물리학자 윌리엄 캘빈 경의 말이다. 공부를 한 후 시험을 쳐서 잘하는 것은 더욱 발전시키고, 못하는 것은 고치고 보완하는 피드백feedback이 중요하다는 말이다. 그러나 시험이 주는 학습효과가 아무리 크다 할지라도 시험 자체를 좋아하며 즐길 수 있는 사람은 별로 없다. 문제 풀이 과정에 애를 써야 하니 힘이 드는 것도 달갑지 않지만, 그것보다는 결과에 의한 줄 세우기, 질책 등이 두렵기 때문에 시험을 피하고 싶은 것이다. 특히 남과의 비교를 통해 상대적 행복감을 측정하는 것이 일종의 국민적 집단 무의식이 되어버린 우리 사회에서는 어떤 종류의 시험이든 다 두려울 수밖에 없다.

많은 학자들이 시험은 가장 좋은 학습 수단이라고 말한다. 시험을 보는 것만으로도 학업성취도가 향상된다는 것이다. 머릿속에 들어간 지식은 다시 기억하고 떠올리는 과정을 통해 확실하게 내 것으로 다져진다. 보기 중에서 정답을 고르기만 하는 객관식보다는 기억하고 있는 지식을 창의적으로 표현해야하는 주관식이 훨씬 학습효과가 높다.

몇 달 동안 배운 내용을 한꺼번에 묶어서 평가하는 중간, 기말고사 같은 시험을 총괄평가(summative test)라 한다. 총괄평가는 오래 전에 배운 내용을 모아서 평가하고, 시험 후 결과도 한참 지나서 나오기 때문에 피드백 효과는 떨어진다.

학자들은 학습한 내용을 빠른 시간 안에 평가하여 잘못된 부분을 지적해 주고 부족한 부분은 보충하게 하는, 다시 말해 피드백을 목적으로 하는 형성평가(formative test)가 가장 좋은 완전학습 수단이라고 말한다. 피드백은 학생 스스로도 할 수 있다. 학생 자신이 직접 문제를 만들어 보거나, 공부한 내용을 남에게 설명하며 개념을 다지고, 취약 단원을 집중적으로 보충하면 크게 효과를 볼 수 있다.

일이든 공부든 일정기간 양이 축적되는 과정을 거쳐야 질적인 변화가 일어난다. 질적 비약은 어느 순간 갑자기 찾아온다. 우리는 질적 비약을 위해 양을 축적하는 다소 지루하고 불안한 그 시간을 슬기롭게 기다리지 못한다. 조금 공부하고서는 즉시 변화가 있기를 기대한다. 학창시절을 거치며 이런 사실을 누구보다 잘 알고 있는 부모님들이 자기 자식에게는 유독 참을성을 발휘하지 못하고 아이를 힘들게 하는 경향이 있다.

대부분 인문계 학교에서 매달 실시하는 모의고사는 조급증을 부추기는데 일조한다. 일반적으로 몇 달 동안 점수 따위는 별로 신경 쓰지 말고 우직하게 공부하면서 전 과정을 이해하고 정리해야 비로소 변화가 일어난다. 반에서 20등 하는 학생이 한 달 만에 바로 10등 안에 들기는 어렵다. 그런데도 시험 결과가 나오면 뚜렷한 성적 향상이 없다고 부모는 실망감을 드러내며 학생을 나무란다. 시험의 원래 목적인 생산적인 피드백은 없고 결과를 두고 다른 학생과 비교 하며 질책하는 일이 매달 반복되다보니 학생은 생활이 즐겁지 않고 자신감을 잃게 되며, 결국은 해도 안 된다는 생각에 학습 의욕 자체를 상실하게 된다.

부모님들은 어떤 상황에서도 자녀를 믿고 신뢰해야 한다.

지금 기대한 성적이 나오지 않았다 해도 그동안의 수고를 인정해 주며 시간과 더불어 반드시 좋아지리라는 확신을 가질 수 있도록 도와주며 애정 어린 격려를 아끼지 말아야 한다.

마음의 여유와 휴식

"일만 알고 휴식을 모르는 사람은 브레이크가 없는 자동차와 같은 것으로 위험하기 짝이 없다. 또한 놀기만 할 뿐 일할 줄 모르는 사람은 엔진이 없는 자동차와 마찬가지로 아무 소용도 없다."

자동차 왕 헨리 포드의 말이다. 풀이 죽어 있는 아이에게 시험이란 어른이 되는 과정에서 누구나 겪어야 하는 '통과의례'란 말로 위로하며, 시험을 좀 못 쳤더라도 마음을 잘 추스르고 일단은 좀 쉬라고 말해 주지만 뒷맛이 개운치가 않다. 과정의 충실성보다는 최종적으로 드러나는 점수로 모든 것을 평가하는 결과 중시주의 사회에서 이런 말은 학생에게 별로 위안이 되지 못하기 때문이다.

　자신이 생각하는 이상향의 세계와 목전에 전개되는 현실이 일치되지 않는 상태를 A.카뮈는 '부조리'라고 부른다. 이와 같은 부조리는 인간의 숙명이기 때문에 도피하려 해보아도 아무 소용이 없다고 그는 말한다. 그는 부조리한 현실을 끌어안고 용감하게 그것과 맞대결하는 것만이 그것을 극복할 수 있다고 말한다. 카뮈가 "나는 반항한다. 고로 나는 존재 한다"라고 말할 때, 그 '반항'은 부조리한 현실을 회피하지 않고, 그것과 정면으로 부딪치는 적극적이고도 도전적인 삶을 의미한다.

　우리는 아이들에게 어떤 난관에도 굴하지 말고 용감하게 맞서라고 말한다. 그러나 용감히 맞선다고 부조리한 현실 문제가 다 해결되는 것은 아니다. 또한 모든 시련이 다 성장의 자양분이 되는 것도 아니다. 참고 견딜 수 있는 시련이라야 보약이 될 수 있다. 지금 우리 아이들이 처한 현실은 때로 견디기에 너무 힘이 든다. 한 학기가 끝나가고 방학이 다가와도 그들은 별로 즐겁지 않다. 부모님은 100점을 기대하고 있었는데, 아이가 받아든 50점이라는 이 부조리한 현실이 부모, 자식 간의 신뢰와 소통을 막아버린다. 잠시의 휴식도 없이, 내일이면 한층 업그레이드 된 빡빡한 일정들이 그들을 이리저리로 몰아붙일 것이다. 방학을 앞두고 부모님들은 엊그제 일처럼 느껴지는 자신들의 어린 시절을 다시 돌이켜 보며 자녀들을 좀 더 애정 어린 눈빛으로 바라보아야 한다.

지금 어른들의 학창시절은 여유가 많았다. 방학은 그 여유로움의 절정이었다. 방학이 시작되는 날부터 잠 뿌리를 뽑기 위해 3박 4일 동안 내내 잠만 자기도 했다. 누나가 어느 날 해질 무렵 낮잠 자는 아이를 향해 다급한 목소리로 "너, 빨리 일어나 학교 안 갈 거니?"라고 고함을 지른다. 놀란 아이는 벌떡 일어나 가방을 들고 집밖으로 부리나케 뛰쳐나간다. 골목 끝까지 죽도록 달리다가 뭔가 이상하여 주변을 살펴본다. 아이는 아침이 아니라 저녁이라는 사실을 알게 된다. 멀리 서쪽 하늘이 온통 붉게 물들어 있다. 얄미운 누나에게 놀림 받았다는 사실을 수치스러워하며, 다른 한편으로는 종일 잠만 잔 것을 미안해하며 집으로 들어간다. 온 가족이 박수를 치며 웃는다. 종일 낮잠만 잔 아이나 꾸중하는 어른 모두는 이렇게 여유가 있지 않았는가.

의미 있는 삶을 살기 위해 어른 아이 모두에게 꼭 필요한 것이 두 가지 있다. 땀과 감동이 바로 그것이다. 땀에는 신체적인 활동과 공부가 포함된다. 그러나 몸과 두뇌의 땀은 가슴을 뜨겁게 해주는 감동과 함께할 때 보다 생산적인 의미를 가지게 된다. 감동은 육체와 정신의 피로를 잊게 해주며 몸과 마음에 새로운 활력을 불어넣는다. 우리는 생산적인 휴식을 통해 활력과 에너지를 얻게 된다.

울리히 슈나벨은 휴식은 자유 시간을 얼마나 많이 가지고 있느냐보다는 태도의 문제라고 말한다. 그는 필요할 때 한가롭게 휴식을 즐기고, 늘 바빠서 허덕이는 것이 만성적인 상황이 되지 않도록 하라고 충고한다. 휴식은 전체 휴식 시간의 길이보다는, 의미와 가치를 가진 시간의 길이로 그 질이 결정된다. 한나절이라도 자연 속에서 사랑하는 부모, 형제와 나누는 깊이 있는 대화, 음악이 주는 황홀경, 몸과 마음을 완전히 몰입하게 하는 운동이나 독서 등 일상을 떠나 자신을 완전히 몰입할 수 있는 휴식의 순간을 가져보자. 부모 자녀가 함께 푹 쉴 줄도 알아야 한다.

공포 행상인들

　어느 고3 수험생 학부모가 조언을 구하러 왔다. 찾아온 사연은 이렇다. 대입 수시모집 입학사정관 전형에 지원하고자 하는 아들의 자기소개서를 들고 꽤 유명하다는 입시 컨설팅 사무실에 갔다. 실장이라는 사람이 한 번 죽 읽어보더니, "기본이 안 된 글입니다. 이걸 그대로 제출하면 반드시 떨어집니다. 어머니께서 듣기 거북하시겠지만 제가 본 자기소개서 중에 제일 잘못된 글입니다." 충격을 넘어 공포심을 느낀 엄마가 어떻게 하면 되겠느냐고 물었다. "우리가 손을 보면 됩니다. 지난해 우리 손을 거쳐 간 자소서는 90%가 1단계에 합격했습니다. 지금 우리에게 맡겨둔 자소서가 수십 편 있는데 이제 더는 안 받을 예정입니다." 엄마는 불안하고 다급한 마음에 자기 아들 것도 좀 봐달라고 간청했다. "고쳐 드리는데 오십만 원입니다." 그럴 형편이 안 되는 엄마는 그냥 나왔다. 저녁에 아들에게 들은 대로 말하고 수정해 보라고 하니, 아들은 다시 못 쓰겠다며 입학사정관 전형에 지원하지 않겠다고 선언했다. 실제 있었던 일이고, 오늘도 어디에선가 일어날 일이다. 학생의 자기소개서를 읽어보았다. 지망학과에 대한 열정이 구체적인 사례를 중심으로 설득력 있게 표현된 좋은 글이었다.

전문직종의 사람들이 나쁜 마음을 먹으면 누구나 '공포 행상인'이 될 수 있다. 환자에게 일어날 수 있는 온갖 나쁜 것들을 나열하며 과잉 진료를 받을 수밖에 없게 하는 의사, 알아들을 수 없는 법률 용어로 막대한 불이익의 가능성을 강조하며 고액의 수임료를 챙기려는 변호사, 판매 부수와 시청률을 높이기 위해 날마다 새로운 공포를 선전하고 불안을 확대 재생산하는 언론 출판 종사자, 사실과 허구를 뒤섞어 장차 일어날 수 있는 위험을 곧 닥칠 재난으로 포장해 유권자를 겁주어 표를 얻으려는 정치인, 사이비 입시 컨설팅업자 등 우리 사회에는 무수한 공포 행상인이 존재한다. 이들은 대개 단호하고 단정적인 어조로 고객을 단숨에 압도하는 화술을 가지고 있다.

논술고사가 처음 도입되었을 때, 어느 신문에서 수험생들이 '내신, 수능, 논술'이라는 죽음의 트라이앵글에 갇혀 신음한다고 썼다. 필자는 즉시 반박하는 글을 썼다. 내신, 수능, 논술을 따로 공부해야 한다고 주장하는 사람은 공부의 본질을 모른다. 이 셋은 톱니바퀴처럼 서로 맞물려 돌아가는 하나의 유기체다. 학교 수업에 충실하면 내신 성적이 좋고, 내신 성적을 잘 받으면 수능시험에서 고득점할 수 있으며, 내신과 수능 성적이 좋으면 논술도 잘할 수 있기 때문이다. 이 셋을 따로 준비해야 하는 것으로 왜곡하여 수험생과 학부모를 불안하게 해서는 안 된다고 주장했다. 최근에는 수험생들이 '내신, 수능. 논술, 입학사정관, 스펙 쌓기'라는 죽음의 오각형에 갇혀 허덕인다고 말한다. 이 역시 공부의 실상을 모르는 사실 왜곡이다. 이 말이 유포되는 순간 수많은 수험생과 학부모들은 막연한 불안감에 사로잡힌다. 공포 행상인들은 놓치지 않고 이 틈을 파고든다. 어떤 방식으로 학생을 뽑든 기본에 충실하고 실력 있는 학생이 손해 보는 일은 거의 없다. 열심히 공부하지 않고 스펙 몇 개 만들어 원하는 대학에 갈 수 있는 길은 없다는 사실을 알게 되면 쓸데없는 말들에 흔들리지 않을 것이다. 학교 공부에 충실하면 모든 것이 해결된다.

미국의 사회학자 배리 글래스너는 그의 저서《공포의 문화》에서 현대 사회에 만연해 있는 공포가 실제로는 얼마나 허구적인지를 분석했다. 그는 '공포와 불안'을 조장함으로써 이득을 취하려는 '공포 행상인'들이 즐겨 쓰는 수법을 폭로하며, 공포와 불안을 확대하여 기득권을 지키려고 하는 사기꾼들을 조심하라고 충고했다. 이들은 작은 위험을 크게 보이게 하고, 통계 수치를 비틀어 진실을 왜곡하며, 개별적이고 특수한 사례를 일반적인 것으로 과장한다. 우리는 과장된 공포와 불안이 우리 자신을 파괴하기 전에, 그런 공포를 차분히 분석하고 검토하며 의심해 보는 법을 배워야 한다.

어린이날 유감

　　"어린이들에게 다음에 열거하는 지시를 충실히 실행하게
한다면, 어린이들은 반드시 위기에 말려들고 결국은 불량
소년소녀가 되어, 법원에 송치될 것을 보증한다. 이 공식은
거의 틀림이 없다"(전문)

　　당신의 어린이에게는 어떠한 종교 교육도 정신 수양도 시
켜서는 안 된다. 어린이의 육체적인 요구에만 관심을 가져
라(제1조). 어린이 앞에서는 법률이나 정부에 대하여 경의
를 표하지 말라. 법원, 관청, 경찰, 회사 등에 관한 욕을 하
라. '놈들은 모두 악당이다.'라고(제2조). 손님이 돌아간 후
반드시 그 손님을 비난하라. 어린이는 당신의 현명함을 존

경할 것이다(제3조). 어린의 교육과 지도는 부모의 책임이라 생각하지 말라. 그를 위해 학교가 있지 않는가(제4조). 어린이의 계획, 문제, 흥미 등에 대하여 그 의논에 응하지 말라(제5조). 당신의 집을 어린이들에게 개방하지 말라. 어린이들이 놀면 집안이 더러워진다. 어린이들이 어디서 놀든지 관심 갖지 말라(제6조). 어린이의 상대가 되지 말라. 당신 자신만 즐기면 된다. 어린이는 방해물이다(제7조). 어린이에게 약속한 것은 언제나 잊어버려라. 후일 어린이들은 당신과의 약속을 잊을 것이다. 감사하는 마음도 가지지 않게 될 것이다(제8조). 어린이를 칭찬하지 말라. 당신에게 아첨할 것이다(제9조). 어린이에게 어떠한 애정도 쏟지 말라. 그들에게 멸시 당할 것이다(제10조).

1960년대 미국의 어느 가정 법원에서 '어린이 개악헌장改惡憲章' 이란 이름으로 발표한 글이다. '어린이 헌장' 은 있지만 실천하지 않는 것을 개탄하는 글임을 알 수 있다. 동서고금을 막론하고 어린이를 대하는 태도나 그에 대한 우려와 걱정은 비슷한 모양이다.

우리에게도 1957년 마해송, 강소천, 방기환 등 7명이 작성하여 발표한 '어린이 헌장' 이 있다. 이후 1988년 66회 어린이 날을 맞이하여 '굶주린 어린이는 먹여야 한다' 등과 같은 피상적인 내용을 고쳐 전문과 11개 항으로 구성된 개정 어린이 헌장을 발표하였다. 모든 어린이는 차별 없이 인간으로서의 존엄성을 가지며, 겨레의 앞날을 이어나갈 새 사람으로 존중받아야 하며, 바르고 아름답고 씩씩하게 자라도록 해야 한다는 실천요강을 구체적으로 명시하고 있다. 어린이 헌장이 있어도 읽어보지 않고 실천하지 않는 현실 앞에서 한국판 '어린이 개악 헌장'을 만들고 싶다는 유혹을 떨쳐버릴 수가 없다.

"자연을 보라, 그리고 자연이 가리키는 길을 따라가라. 자연은 쉼 없이 아이를 단련시킨다. 자연은 가장 훌륭한 교사다"라는 선언으로 아이들을 구해낸 루소의 말을 다시 곰곰이 음미해 본다. 우리에게 자연은 무엇인가? 일주일 내내 같은 코스만을 오가는 학교와 학원, 강요된 예능교육, 재미와 감동을 상실한 독서와 글쓰기 교육 등이 루소의 자연을 대체하고 있지 않은가.

우리의 현실은 어른의 탐욕과 무지로 정말 절망적이다. "어린이는 게으르고 무능하고 백지여서 어른이 지도하고 뭔가를 그려 넣어야 한다"는 생각이 지배적이다. 그러나 아이들은 자발적이고 독립심이 강하다. 일찍이 몬테소리는 "어린이에 대한 독재만큼 세계 전반에 걸쳐 큰 사회적 문젯

거리는 없을 것이다. 어떤 노예나 노동자도 어린이만큼 무한한 순종을 요구당해 본 적이 없다. 그것은 수백 년 동안 끊임없이 계속되어 왔다. 이제 어린이들 편에서 생각할 때가 되었다"라고 말했다.

어린이의 참모습은 어떠해야 하고, 어떻게 키워야 하는가. 멀리 서양에서 이론을 끌어 올 필요가 없다. 소파 방정환 선생이 쓴 '어린이 예찬'의 한 대목을 읽어보면 모든 답이 나온다. "마른 잔디에 새 풀이 나고, 나뭇가지에 새움이 돋는다고 제일 먼저 기뻐 날뛰는 이도 어린이다. 봄이 왔다고 종달새와 함께 노래하는 이도 어린이고, 꽃이 피었다고 나비와 함께 춤을 추는 이도 어린이다. 별을 보고 좋아하고, 달을 보고 노래하는 것도 어린이요…. 자비와 평등과 박애와 환희와 행복과 이 세상 모든 아름다운 것만 한없이 많이 가지고 사는 이가 어린이다. 어린이의 살림, 그것 그대로가 하늘의 뜻이다. 우리에게 주는 하늘의 계시다."

연두와 초록의 향연이 눈부신 계절의 여왕 5월, 단 하루만이라도 어린이 편에서 어린이를 생각해 보자.

연꽃놀이 가보자

    경주 동궁과 월지(안압지) 연꽃단지에 연꽃이 한창이다. 홍련과 백련이 연등처럼 초록의 연잎 바다를 환하게 밝히고 있다. 연밭 가를 걸어가면 이곳의 터줏대감인 개구리들이 자꾸 발걸음을 멈추게 한다. 이 녀석들이 하도 많아 한 발 내디딜 때마다 주위를 살펴야 한다. 빨리만 걸어가지 말고 주변의 풍경도 음미하라고 폴짝폴짝 뛰어다니며 길을 막는 것이다. 개구리와 온갖 풀벌레들이 아늑한 연잎 위에 누워 오수를 즐기고 있는 모습은 별천지를 연출하고 있다. 어린 시절이 생각난다. 하굣길에 갑자기 비를 만나면, 넓은 연잎을 밀짚모자처럼 쓰고 뛰었다. 머리칼은 비에 젖지 않았다. 이런저런 상념에 빠져 풍경 속에 잠기면, 연잎 바다를 스쳐온 바람 속의 은은한 연꽃 향이 머리를 맑게 한다.

진흙을 뚫고 올라온 연대와 꽃대의 까칠한 돌기, 그 끝에 화려하면서도 소박한 자태로 청정하게 피어 있는 연꽃을 두고 처염상정處染常淨이라 했다. '더러운 곳에서 피어나지만 결코 더러움에 물들지 않는 것'이란 뜻이다. 불가의 수행자들은 연꽃을 보며 '흙탕물에 뿌리를 내리고 있지만, 오염물질을 자양분으로 삼아 청량한 산소를 만들고 꽃까지 피우는 연처럼 번뇌와 애욕이 가득한 세상에 물들지 말고 오염된 세상을 맑게 하라'는 깨우침을 얻었다. '말하지 않아도 마음과 마음이 통하여 깨달음을 얻는다.'는 염화시중의 미소를 생각하며, 사랑하는 사람과 낙조의 연밭을 걷다 보면 눈빛만으로도 사랑의 마음을 느낄 수 있지 않을까 하는 다소 엉뚱하고 세속적인 생각에 잠겨보기도 한다.

연꽃은 불교 정신을 상징하지만 유학자들에게는 군자의 꽃이었다. 성리학의 창시자로 추앙받는 송나라의 문인 염계 주돈이 선생은 〈애련설愛蓮說〉에서 "나는 유독 연꽃을 좋아한다. 왜냐하면 연꽃은 진흙에서 피어나지만 더러움에 물들지 않고, 맑은 물결이 연꽃을 깨끗이 씻어도 요염해지지 않으며, 연꽃의 줄기는 속이 비어 통해 있고 겉모습은 올곧으며, 이리저리 덩굴지고 가지 치지 않고, 연꽃의 향기는 은은하여 멀리까지 퍼져도 오히려 맑고 그윽하며(향원익청香遠益淸), 연꽃은 고고하고 꽂꽂하여 멀리서 관상할 수는 있어도 가까이서 마음대로 희롱할 수 없기 때문이다"라고 말하고 있다.

무수한 시인, 묵객들이 진흙 속에서도 순결하게 피어나는, 소박하면서도 눈부시게 아름다운 연꽃을 보며 세속에 물들지 않는 그 고고함을 노래하고 그렸다. 염계 선생의 수필 〈애련설〉에 나오는 향원익청, 향기가 멀리까지 퍼지는데, 그 향기는 더욱 맑다는 말은 참으로 오묘하다. 멀리 가는데 어떻게 그 향기가 더 맑아질 수 있을까? 직설화법에 익숙해 있는 우리들은 한참 동안 이 말을 음미해야 비로소 그 속뜻을 알게 된다. 군자의 덕행은 오래도록 은은하게 전해진다는 것을 비유적으로 표현한 것이다. 향기로운 사람은 그 향기가 오래간다. 멀어질수록 그 향기는 더욱 은은하고 맑게 느껴진다. 거짓과 위선이 일상화되어버린 우리 주변을 돌아본다. 특히 정치인들이 경주 안압지 주변 연밭을 거닐며 자신의 청렴도와 품성, 향기를 한 번 돌아보고 국민 앞에 나서면 좋겠다.

우리는 평소 톱니바퀴와 디지털 계기판이 만들어 내는 기계적이고 인위적인 시간에 따라 정신없이 움직인다. 그러다 보니 태양과 달, 별과 꽃이 만들어 내는 자연이 가르쳐 주는 시간은 거의 의식하지 못하고 산다. 잠시 심신의 피로를 풀고 재충전할 필요가 있다. 자연의 품에 안기면 모든 심신의 상처는 보다 쉽게 치유된다. 자녀와 함께 연꽃이 필 무렵 경주에 한번 가보자. 연꽃을 바라보며 염계 선생의 〈애련설〉을 함께 음미해 보는 것이 백 마디 잔소리보다 더 실효성 있는 학습동기 유발을 할 수 있다.

인디언들은 말을 타고 가다가 이따금 말에서 내려, 자기가 달려온 쪽을 한참 바라보다가 다시 달린다고 한다. 혹시 너무 빨리 달려 자신의 영혼이 따라오지 못했을까 봐 영혼이 올 때까지 기다린다는 것이다. 당신의 영혼은 당신을 잘 따라오고 있는가. 잠시 연꽃을 바라보며 머물러 보자. 내 영혼이 뒤처지지 않도록.

4부
차이와 차별의 혼동

제도 개혁과 엿장수 가위

"열 번 재고 가위질하라"는 속담이 있다. 어떤 일을 결행하기 전에 거듭 심사숙고하라는 말이다. "자〔尺〕질 자주 하는 며느리는 써도 가위질 잘하는 며느리는 못 쓴다"는 속담도 있다. 우리 조상들은 '가위', '칼', '빗자루' 등과 같이 무엇을 자르거나 쓸어내는 데 쓰이는 도구를 다룰 때는 늘 조심하라고 자식들에게 경각심을 일깨워 주었다. 무속에서도 꿈에 가위질을 하면 자기 몸에 해로운 일이 일어난다고 한다. 자식이 새로 살림을 날 때도 부모가 가위는 물려주지 않았다.

선택형 수능시험은 애초부터 실패가 예견된 제도였다. 국어, 수학, 영어를 A, B 선택형 수능시험으로 바꾸는데 앞장선 주체들, 즉 가위를 쥔 사람들에게 가위질을 하기 전에 자(尺)질을 몇 번 했느냐고 묻고 싶다. 어떤 제도를 도입하기 전에 수많은 시뮬레이션과 실제 예비시행을 통해 가능한 모든 문제점을 제기하고, 단점을 고쳐 나가는 일련의 과정을 반드시 거쳐야 한다.

불행하게도 선택형 수능 도입은 그 과정에 충실하지 못했다. "내신, 논술, 입학사정관제에다 국어, 영어에 A, B형까지 도입함으로써 야기되는 다양한 변수를 생각하면 정말 머리가 아픕니다. 이런 상황에서는 사설 컨설팅업체만 신이 났어요"라고 말하며 어느 교사는 씁쓸한 표정을 지었다.

수도권 사립대학 입학처장들은 "선택형 수능은 수험생, 고교 교사, 대학 당국에 상당한 혼란을 일으킬 것으로 우려된다"며 "학생이 교육 실험의 대상이 돼서는 안 된다는 간단한 교훈을 되새기면서 선택형 수능 실시를 유보하고 수험생, 교사, 학부모, 대학의 의견을 수렴해 현실적 대안을 시급히 마련해야 한다"라고 지적했다. 일부 교사 단체도 대학의 입장에 동조했다. 그런데도 교육 당국은 선택형 수능을 도입해 수험생 학부모들을 엄청나게 혼란스럽게 하고는 슬그머니 접어버렸다. 영어 절대평가 도입도 수능의 변별력을 떨어뜨리고 다른 과목에 대한 과외 욕구만 더 부추길 가능성이 높다.

어떤 제도가 예측 가능하지 않을 때 요령과 편법, 불법과 탈법이 힘을 발휘하게 된다. 전형방법이나 수능시험 체제를 바꿀 때는 교육 현장과 현실을 가장 잘 아는 교사의 견해를 경청하고, 그 적용 대상인 수험생, 학부모에게 충분히 설명하여 불안하지 않게 해야 한다. 현실을 직시하지 못한 즉흥적인 가위질이 학생과 학부모, 교사들을 괴롭혔던 무수한 사례들을 냉정히 짚어 보라.

어느 작가가 "엿장수의 가위는 자르는 기능보다는 음향 효과를 노리고 있다. 순박한 모양의 무딘 쇳조각은 십자가처럼 교차하여 서로 다른 것을 결합시키는 융합의 상징물이다. 엿장수의 가위 소리는 마을 아이들을 꾀어 내는 풍경을 만들어 냈다"라고 했다. 모든 분야에서 가위를 쥐고 있는 사람들이 음미해 볼만한 말이다. 정치에서든 교육에서든 어떤 제도를 고치고 바꿀 때는 정겨운 가위소리를 내며 이해 당사자들을 한자리에 불러내 한바탕 서로 어우러지게 해야 한다. 가위와 자를 든 몇 명이 밀실에서 저희들끼리 결론을 내리는 짓을 해서는 안 된다. 가위질과 가위소리가 소통과 이해, 융합과 조화, 발전의 상징물이 되게 하라.

레미제라블 효과

컴퓨터 게임 중독으로 부모 자식 간에 마찰이 극심한 예비 고3 학생과 학부모를 상대로 특강을 했다. 국어, 수학, 영어 학습법을 강의하고 나서, 올해 입시에서 성공하기 위해 지금 당장 실천하면 효과가 탁월한 방법을 제시하겠으니 뜻이 있으면 실행해 보라며 다음과 같이 말했다.

"먼저 일주일에 4일 정도 매일 20분 이상 운동할 계획을 세우십시오. 지금 극장가에서 상영 중인 영화 〈레미제라블〉을 보고 뭔가 깊이 와 닿는 것이 있으면, 다섯 권으로 번역 되어 나온 원작을 읽어보세요. 그러면 열심히 공부해야 하는 이유와 함께 새로운 힘을 얻게 될 것입니다. 단 소설

읽기를 끝낼 때까지 컴퓨터를 켜지 마십시오. 책을 읽는 동안에는 스마트폰을 끄거나 무음으로 해 두도록 노력해 보세요. 어른 아이 할 것 없이, 심지어 고3 수험생도 육체적으로는 땀을 흘려야 하고, 주기적으로 정신적인 감동을 받아야, 일이나 공부를 지치지 않고 진지하게 계속할 수 있습니다." 부모님이나 선생님의 훈계에 의한 학습동기 유발은 효력이 삼 일이지만, 내적 감동에 의한 자발적인 학습 동기유발은 그 효과가 한 달 이상 지속된다는 점도 강조했다.

한 달 반이 지난 어느 날, 캠프에 참가했던 학생으로부터 편지가 왔다. "선생님, 영화 〈레미제라블〉을 보고 너무 감동을 받아 선생님께서 추천한 원전 완역본 다섯 권을 보름 동안 읽었습니다. 소설을 읽는 동안에는 공부에 다소 지장이 있었습니다. 그러나 소설이 주는 재미와 감동, 전율에 취하고 나니 왜 열심히 공부해야 하는지 그 이유를 알게 되었습니다. 초등학교 때는 줄거리만 추린 이백 쪽 분량의 《장발장》을 읽고 그게 전부라고 생각했습니다. 완역본이 주는 감동이 이렇게 대단한 줄은 몰랐습니다. 소설을 통해 특정 시대와 그 시대를 살았던 인간의 모습을 실감나게 체험하며, 현재와 미래의 나, 내가 살아갈 세상에 대해 보다 많은 생각을 하게 되었습니다. 열심히 공부할 수 있는 방법을 이런 방식으로 깨우쳐 주셔서 정말 감사합니다. 이제 컴퓨터 게임이 시시해졌습니다. 제가 소설에 빠져있는 있는 것을 보고, 소설 읽기를 권했던 선생님을 원망하던 어머니께서 지금《레미제라블》을 읽고 있습니다. 제가 변한 이유를 알고 싶어 읽는다고 했습니다. 어머니께서 너무 행복해하는 것 같아 저도 기쁩니다." 레미제라블 내용에 수능과 관련된 것은 단 한마디도 없다. 학생은 책을 읽으며, 빈부문제, 사회정의, 혁명, 정치, 철학 등에 대해 많은 생각을 하게 되었고, 그 과정에서 왜 공부를 해야 하는 지를 깨달았다는 것이다.

우리 모두의 삶은 컴퓨터나 스마트폰에 접속되어 있는 '와이어드wired state 상태' 나, 그것들과 연결이 끊어진 '언와이어드unwired state 상태' 중 하나로 영위된다. 컴퓨터 게임과 같이 현실과 완전히 동떨어진 가상 세계에 빠지면 실제 삶을 제대로 살기가 어렵다. 가상 세계에 중독되면, 프랑스의 철학자 장 보드리야르의 지적처럼 원본과 모사본의 경계가 어느 순간 모호해지고, 어느 것이 진짜 현실인지 분간할 수 없게 된다. 디지털 세상에서는 원본이 있다 해도 가상성에 흡수돼 '현실의 종말' 이 도래하는 지경에 이르게 된다는 것이다. 영화도 가상 세계를 다룬다. 그러나 컴퓨터 게임과 영화는 많은 차이가 있다. 현실적 삶과 긴밀하게 연관된 줄거리가 영상미와 결합하여 내면에 깊은 감동을 주는 명화는 인간의 영혼을 고양시키지만, 유해한 컴퓨터 게임은 영혼을 병들게 하고 내면을 황폐하게 한다.

인터넷 강의가 아무리 도움이 되고, 컴퓨터가 아무리 좋은 콘텐츠를 제공해 준다 해도 학생은 시험지에 인쇄된 문제를 보고 연필로 직접 풀이를 해야 한다. 예나 지금이나 대부분의 학습 과정은 아날로그적인 방식으로 진행된다. 그러므로 학교와 가정에서는 아이들이 접속과 비접속 사이의 균형을 잘 유지할 수 있도록 가르쳐야 한다. 그 무엇보다도 책을 읽고 사색하면서, 산과 들에서 청량한 바람과 맑은 물을 몸과 마음으로 직접 느끼게 해야 한다. 청소년기에 고전 작품을 읽은 학생과 안 읽은 학생은 나중에 모든 면에서 확연히 차이가 난다. 아날로그적 기반이 부실한 디지털 세계는 뿌리가 약한 나무와 같다. 영화 〈레미제라블〉 덕택에 원작 번역서가 수만 부 팔렸다는 것은 별로 놀랍지 않다. 그게 진정한 예술 작품의 힘이다.

자연이 가리키는 길을 따라가라

미국의 경영학자 D.맥그리거는 《기업의 인간적 측면》이란 저서에서 인간의 본성에 대한 두 가지 견해, X, Y이론을 제시했다. X이론은 인간을 타율적인 존재로 본다. 종업원은 자발적으로 일하기를 싫어하고, 책임지기보다는 명령받기를 좋아하고, 안전제일주의적인 사고를 가지고 행동한다. 그러므로 기업은 목표를 정해놓고 통제와 명령, 상벌제도 등을 통해 소극적인 직원들을 몰아붙이고 압박해야 한다. Y이론은 인간을 자율적인 존재로 본다. 종업원은 일을 놀이나 휴식과 동일한 것으로 보며 조직의 목표에 관여할 경우, 자기통제 능력을 가지고 자발적으로 일한다. 맥그리거는 X이론에서는 저차원적인 욕구가 개인을 지배하며, Y이론에서는 고차원적인 욕구가 개인을 지배한다고 가정했다. 맥그리거 자신은 Y이론이 X이론보다 더 낫다고 생각했다.

1945년 해방을 맞이하여, 식민잔재를 제대로 성찰하고 청산하기도 전에 극심한 좌우혼란을 겪었고 6.25가 터졌다. 휴전 이후 폐허를 복구하고 절대빈곤에서 벗어나기 위해서는 일사불란한 행동과 강력한 추진력이 필요했다. 일제가 침략전쟁에 조선인을 동원하기 위해 우리를 억압하고 몰아붙이던 방식이 여러 분야에 그대로 적용되었다. 어떤 사안을 두고 자율성을 존중하며 토론하고 음미할 마음의 여유와 시간이 없었다. '잘 살아 보세'를 현실화하기 위해 오로지 '밀어붙이는 힘'이 필요했다. 이런 분위기 속에서는 국가든 학교든, 심지어 친목계 모임에서도 공동의 목표가 정해지면 이의異議를 제기하지 않고 순종하는 것이 미덕이었다.

고지를 향해 '돌격 앞으로'하면 무조건 뛰어가야 했다. 교육에서도 X이론과 군대식, 소위 스파르타식 방식이 대세였다. 정치, 경제, 사회, 문화, 교육 등 거의 모든 영역에서 개인보다는 전체가 우선이었다. 이 방식은 엄청난 부작용이 있었음에도 불구하고 단기간에 목표를 달성하는 과정에서 순기능적인 측면도 있었다는 사실은 부정하기 어렵다.

피나는 노력과 인내, 희생으로 절대빈곤에서 벗어난 후, 우리는 권위주의와 군사문화를 청산하기 위해 또 엄청난 희생을 감수해야 했다. 우리는 경제 성장만큼이나 비교적 빠른 속도로 절차적 민주주의도 확립하게 되었다. 복종과 순응을 강조하던 학교 교육도 바뀌었고, 폭력적인 병영문화도 획기적으로 개선되었다. 그러나 우리는 아직도 권위주의와 군사문화가 주는 부정적 요소들을 완전히 청산하지는 못했다.

이제 달라져야 한다. 평소 빌딩의 숲에 가려 황혼녘의 불타는 노을을 볼 수 없는 아이들, 별을 보며 대자연의 신비와 경이감을 맛보지 못하는 아이들, 모든 즐거움을 돈으로만 얻으려고 하는 아이들, 누가 이들을 이렇게 만들었는가? 주말에는 책을 읽고, 음악회와 전시회에 가고, 해거름 노을을 바라보며 온 가족이 함께 손잡고 천천히 시골길을 걸어가 보자. 부모나 교사의 훈계, 해병대 극기 훈련과 같은 타율적 강압에 의한 동기 유발은 그 효과가 잠시다. 감동을 받고 마음에 여유가 있어야 스스로 움직이게 된다.

차이와 차별의 혼동

"중국은 사회주의 국가인데 자본주의 국가 같고, 한국은 자본주의 국가인데 어떤 측면에서는 그 어느 곳보다 사회주의 국가 같습니다. 참 이상하고 이해가 잘 안 됩니다."

서울과 베이징 두 곳에서 특파원으로 근무한 경험이 있는 어느 외국인 기자가 한 말이다.

우리는 개발 독재 과정을 거쳐 절대빈곤에서 벗어난 직후, 많은 피를 흘리고 나서 형식적, 절차적 측면에서 세계적 수준의 민주화를 이룩했다. 짧은 시간에 민주화와 평등의 가치를 동시에 추구하다보니 우리는 차이와 차별을 혼동하는 경향이 있다. 우리는 모든 면에서 무조건 같고 평등

해야 한다는 생각을 가지고 있다. 교육의 수월성과 평등성의 충돌, 보편적 복지와 선별적 복지의 충돌 등은 차이와 차별을 혼동하는 데서 나오는 것이라고 할 수 있다.

교육부가 침체된 일반계 고등학교를 육성하기 위해 '일반고 교육역량 강화방안' 시안을 발표하자 이 방안이 일반고를 살리기보다는 자사고나 특목고를 무력화시키는데 초점을 맞추고 있다며 이해 당사자들이 반발했다. 이 육성 방안은 일반고의 육성보다는 전국 고교를 하향평준화시키고, 특목고나 전국단위의 자사고 입학을 위한 사교육 수요를 폭증시키고, 수월성 교육에 목말라 하는 일반고 상위권 학생들의 선행학습 욕구를 더욱 부추길 것이라고 그들은 주장했다. 교육 당국의 일반고 육성화 방안을 자세히 살펴보면, 그 방안이 차이와 차별을 혼동한 단선적인 발상에서 나왔다는 사실을 알 수 있다.

40명이 공부하는 교실에 수학 80점 이상이 10명 있고, 30점 이하도 10명 있다고 가정해 보자. 교사는 중간보다 약간 위에 있는 60점대 학생의 수준에 맞춰 수업을 진행한다. 이 경우 상위권 10명은 이미 다 아는 내용에 진도가 느리다는 이유로 딴 짓을 하거나 잠을 잔다. 30점대 이하 학생 10명은 교사가 아무리 천천히 설명해도 이해가 안 되고, 학습 의욕도 없기 때문에 떠들거나 잠을 잔다. 상위권도 자고 하위권도 자니, 중간 학생들도 덩달아 잘 수밖에 없다.

평준화 이후, 교실붕괴를 설명할 때 자주 예로 드는 극단적인 상황설정이다. 우리는 여기서 "30점 이하를 받는 학생과 90점대 학생을 한 교실에 넣고, 동일한 강의를 듣게 하는 것이 과연 바람직한가?"라는 질문을 해 보아야 한다. 이보다 더 불합리한 일은 없을 것이다. 잘하는 학생에겐 수준 높은 강의로 지적 호기심을 자극하고, 어려운 과제를 주어 도전 정신을 더욱 부추겨야 한다. 30점대 이하 학생은 가장 쉬운 기초 단계부터 개념을 완전히 이해할 때까지 설명해 주어, 배우는 기쁨과 성취감을 맛볼 수 있게 해야 한다.

우리 사회는 모든 분야에서 실질적 평등과 절대적 평등이란 가치 앞에서 갈등한다. 모든 학생에게 무료급식을 제공해야 한다는 보편적 복지개념과 정말 가난한 아이들에게만 지속적으로 무료 급식을 제공해야 한다는 선별적 복지개념도 이 갈등에서 나온다. 가난한 아이들에게만 무료급식을 하는 것이 어떻게 그 아이의 자존심을 상하게 하는 차별이라고 말할 수 있는가. 차이에 의한 선별적 복지를 차별로 받아들일 때 우리가 할 수 있는 일은 별로 없다.

차이를 차별로 받아들이는 풍조가 지배적인 분위기로 작

용할 때, 사람들이 광장과 밀실에서 하는 말과 행동은 서로 달라진다. 광장에서는 사교육의 병폐와 인성교육을 강조하는 사람들이 자기 집에는 은밀하게 사교육 과외 선생을 불러들인다. 대중 앞에서는 과학고, 외국어고 등 특목고를 부정하지만 자기 아이는 이런 학교에 보내는 사회 지도층 인사들을 우리는 수없이 보아왔다.

우리는 어떤 제도를 만들거나 고칠 때, 그것이 바람직한가, 실현가능한가, 지속가능한가를 먼저 검토해야 한다. 특목고, 자사고는 그대로 살려 수월성 수요를 충족시키고, 일반고는 과감한 지원으로 수혜자가 필요로 하는 양질의 교육 서비스를 제공해야 한다. 모든 분야에서 애정 어린 눈으로 그 차이를 살펴볼 때, 우리는 그 차이를 해소할 수 있는 다양한 차별적 해결책을 찾을 수 있다. 차이와 차별을 혼동하면 불평등은 더 심화될 수밖에 없다.

멀리보고 천천히 나아가자

　"지옥이란 타인의 시선이다"라고 한 장 폴 사르트르의 말이 남과의 비교와 체면을 중시하는 우리에게는 참으로 공감을 주는 경구로 다가온다. 현행 대학입시는 수험생을 수능 성적에 따라 한 줄로 세워놓고, 대학들이 좋은 학생 데려가기 위해 경쟁을 벌이는 제로섬 게임이다. 이 제도하에서 축복받은 수험생은 소수다. 맨 선두에 선 일부를 제외하고는 행복할 수가 없다. 현행 수능시험은 절대 다수의 수험생들이 소수 학생이 누리는 영광과 우월감을 더욱 빛나게 해주기 위해 들러리를 서 주는 제도라고 할 수 있다. 수능 성적이 발표되면 많은 수험생과 학부모는 견디기 어려운 스트레스를 받는다. 일부는 치료를 받아야 할 정도로 심한 우울증에 시달리기도 한다. 이는 한 가정의 문제를 넘어 사회 전체가 관심을 가져야 하는 심각한 사회병리 현상이다.

사무엘 베케트의 희곡 〈고도를 기다리며〉에서 주인공 블라디미르와 에스트라공은 나무만 한 그루 달랑 서 있는 시골길에서 밑도 끝도 없이 고도를 기다린다. 그들이 기다리는 고도는 어떤 구체적인 대상이 아니다. 그럼에도 불구하고 그들은 하염없이 기다린다. 이 부조리극이 처음 공연되었을 때 사람마다 고도는 달랐다. 수감된 사람에게는 석방이 고도고, 식민지 시대를 사는 사람에게는 조국해방이 고도였다. 수험생들은 나무 한 그루만 서 있는 황량한 무대 위에서 수능 성적표 한 장만 달랑 들고 밑도 끝도 없이 고도를 기다린다. 극중에서 블라디미르는 "사람들은 서서히 늙어가고, 하늘은 우리의 외침으로 가득하다. 그러나 습관은 우리의 귀를 틀어막는다"라고 절규한다. 해마다 수험생들의 고통은 똑같이 되풀이 되고 있지만 아무도 귀를 기울이지 않는다. 우리의 수험생들은 무의미하고 부조리한 세계에 홀로 던져진 부조리극의 주인공과 같다.

절대 다수의 수험생과 학부모가 갈팡질팡하고 있지만, 다양한 형태의 입시 컨설팅 업체와 대형 사교육 업체들은 반짝 특수를 누리기 위해 그 순간을 기다린다. 학생은 성적에 따라 줄을 서 있지만 자신의 정확한 위치를 알 수 없다. 문제는 학생들을 끊어 보내는 기준점이 제각각 다르다는 데 있다. 어느 기준도 절대적으로 신뢰할 수 없으니 모든 기관에 돈을 주고 상대적 높낮이를 다 비교해 볼 수밖에 없다. 그렇게 해도 너무 많은 변수가 작용하기 때문에 확실한 판단은 불가능하다. 입시 컨설팅 업체들은 바로 이 예측불가능성을 돈벌이의 수단으로 삼고 있는 것이다. 수험생과 학부모가 기다리는 고도는 영혼을 구원해 주는 신도 아니고 요행에 의한 합격도 아니다. 한 번의 실수로 평생 불이익을 감수하지 않아도 되는 예측 가능한 안정적인 대입제도, 이것이 바로 그들이 기다리는 고도인 것이다.

수능시험을 잘 쳐서 명문대학에 입학하면 인생행로가 좀 더 순탄하고 삶이 더 신명날 수 있다. 그러나 유리한 출발이 반드시 유리한 결과를 보장하는 것은 아니다. 다소 불리한 위치에서 힘겹게 시작해도 피나는 노력으로 얼마든지 반전시킬 기회는 많다. 외양과 간판이 아무런 검증 없이 위력을 발휘하던 시대는 지나갔다. 어디에 있든지 실력과 콘텐츠가 중요하다. 수험생들이 이 사실을 확신할 수 있게 해야 한다.

계층이동 지원책 다시 생각하자

"12월 초 수시모집 합격자 발표가 났을 때 지역 언론, 지역민 모두가 저에게 주목해 주었고, 그해 겨울 두 달은 천하를 얻은 것 같아 세상에 부러운 것이 없었습니다. 그러나 2월 신입생 오리엔테이션에 참가하면서 심한 소외감을 느끼기 시작했습니다. 같은 조에 저 말고는 모두가 서울 강남 출신이었는데, 그들과 삼박 사일을 함께 하면서 심한 모멸감과 충격을 느꼈습니다. 말이 다르고 옷차림이 다르고, 주된 관심사가 달랐습니다. 그들에게 기회균형 전형으로 합격했다고 말하자 노골적으로 무시하는 태도를 보였습니다. 입학 후에도 저는 동기들과 어울리기가 어려웠습니다. 자의 반 타의 반으로 저는 외톨이가 되었고, 1년을 버텨봤지만 공부를 따라가기 힘들었고 학점도 형편없었습니다. 생활비와 영어 학원에 다닐 돈을 벌기 위해 1년 동안 휴학하고 아르바이트를 했는데, 학교 돌아가기가 두려워 복학을 결정 못하고 있습니다."

차상위 계층을 위한 기회균형 전형으로 서울의 어느 명문대에 입학했던 학생이 필자에게 눈물을 흘리며 한 말이다.

식사 후 가족과 대화할 때, 빈곤층은 '배부르게 먹었니?'라고 묻는다. 양이 중요하다. 중산층은 '맛있게 먹었지?'라고 묻는다. 질이 중요하다는 뜻이다. 부유층은 '음식이 보기 좋게 나왔니?'라고 묻는다. 모양새가 중요하다는 뜻이다. 옷을 선택할 때도 빈곤층은 기능과 실용성, 중산층은 품질과 브랜드, 부유층은 예술성과 디자인을 중시한다. 루비 페인의 저서 《계층 이동의 사다리》에 나오는 매우 흥미로운 사례들이다. 우리 사회도 이제 루비 페인의 지적처럼 '빈곤'이 경제적으로 '있고 없음'을 말하는 단계를 넘어서고 있다. 과거에는 먹고, 입는 것으로 따지던 부와 빈곤의 경제적 기준이 이제는 사회적이고 문화적인 개념으로 넘어가면서 빈부를 단순히 수치만으로 말할 수 없게 되었다. 절대 빈곤에서 벗어난 우리에게 가난은 상대적 개념이다. 가난이나 부는 비교 대상이 있을 때 존재하는 것이다.

이제 개천에서 용이 날 수 없다는 말에 놀라는 사람은 별로 없다. 농어촌 출신이나 생산직 근로자 자녀가 명문대학에 입학하기가 정말 어려워졌다. 고급관료, 교수, 의사, 기업의 고위직 인사와 같은 고소득 전문직 부모를 둔 자녀들이 명문대 입학을 거의 독점하고 있다. 중상류층 이상의 가정에서 태어난 아이들은 고액의 사교육을 받아 명문대에 입학한 뒤 부와 권력의 중심부에 별 어려움 없이 진입한다. 이런 순환구조를 통해 부와 권력과 명예를 세습하고 독점하게 되는 과정을 방치할 때, 머지않아 우리 사회는 보다 심각한 사회적 갈등에 직면하게 될 것이다.

우리는 빈곤의 퇴치나 계층이동을 이야기할 때 금전적, 물질적 부분만 가지고 이야기해서는 안 된다. 엄연히 존재하는 각 계층의 습성과 습관, 문화의 차이를 정확하게 파악하여야 한다. 교육을 통해 다양한 계층의 특징과 행동방식의 차이를 극복하도록 도와주어야 한다. 대학은 기회균등이나 농어촌 특별전형 등 사회 배려자 전형으로 입학한 학생들을 실질적으로 도와주는 프로그램을 가져야 한다. 이제 가난한 학생들이 계층이동을 하기 위해서는 돈만 필요한 것이 아니다. 그들이 자존감의 손상과 문화적 충격 등으로 힘겨운 상황에 부딪혔을 때, 자학과 도피, 자기 파괴적 행동 등에 빠지지 않도록 정서적, 문화적 측면의 지원도 해 주어야 한다.

국가 경쟁력과 예체능 교육

생텍쥐페리의 《어린 왕자》가 전 세계 모든 연령층의 사람들에게 지속적인 인기를 유지하는 이유는 바로 '의사소통'과 '다른 사람에 대한 '존중'이다.

어린 왕자는 여러 별을 떠돌아다니면서 소통과 존중의 미덕을 잃어버린 사람들을 많이 만난다. 시종일관 남에게 군림하려고만 드는 왕, 자신을 칭찬하는 말 외에는 귀 기울이지 않는 허풍쟁이, 우주에 산재해 있는 5억 개의 별이 모두 자기 것이라는 상인, 자기가 사는 별도 제대로 탐사해 보지 못한 지리학자 등을 만난다. 이런 사람들의 공통된 특징은 물질 만능 주의적 사고에 젖어 있고, 다른 사람을 귀하게 여길 줄 모른다는 것이다. 예나 지금이나 인간 세상의 근본적인 모습은 바뀌지 않았다. 많은 사람들이 남을 믿지 못하고, 그들에게서 위협을 느끼며 산다. 사람들은 자기 세계와 아집에 매몰되어 타인에게 속 깊은 관심을 보이지 않고, 세심한 배려를 하지 못한다.

10여 년 전만해도 동네마다 옹기종기 붙어 있던 피아노, 미술 학원이 급격히 줄어들고 있다는 보도가 있었다. 학생 수도 그때와 비교하면 1/4로 줄어들었다고 한다. 대부분 가정에서 아이에게 영어 교육을 시작하면 피아노와 미술은 그만둔다고 한다. 걸리는 시간과 바치는 노력에 비해 피아노 교육은 효용성이 바로 드러나지 않지만, 영어는 미리 잘 배우면 성공과 직결된다는 생각을 한다. 옛날에는 교내미술대회가 자주 열려 상도 주고 했지만, 지금은 방학숙제에도 문제지 풀어오기, 독후감 쓰기만 있지 미술 과제물은 없다고 한다. 피아노와 미술을 끊는 시기가 대개 초등학교 3학년이라고 한다. 비교적 어린 시절에 예체능 교육을 중단한 우리 아이들이 어떤 정서발달 과정을 거쳐갈까를 생각하면 등골이 오싹해 진다.

어느 논객이 삼성 사장단 회의에서 "지금 삼성에 필요한 것은 아날로그적 감성"이라고 했다. 삼성은 최고 엘리트 기업이란 인식이 강하지만 인간적인 감성이 메말라 있다고 지적했다. 〈응답하라 1994, 1988〉이 선풍적인 인기를 끈 이유는 그 드라마 속에 넘치는 느리고 따뜻한 인간적인 정과 아날로그적인 향수 때문이다. 시대가 바뀌고 과학 기술이 아무리 발전해도 인간적인 감성은 인간을 움직이는 핵심 요인이다. 풍부한 상상력과 창의력은 지식기반 사회에서 사활의 관건이 된다. 예술적 감각이 결여된 인간에게서 풍부한 감성이나 창의력을 기대할 수 없다. 예체능 교육을 통해 아날로그적인 감성을 길러야 디지털 세계에서도 경쟁력을 가질 수 있다. 오늘 우리 교육 현장에는 가슴 뭉클한 벅찬 감동은 없고, 암기와 모방, 등급과 석차, 상호비교만 있다.

루트번스타인 부부는 그들의 저서 《생각의 탄생》에서 앞으로는 직관력과 통찰력을 갖춘 르네상스형 인간(만능형)이 성공할 것이라고 말한다. 상상력과 직관력은 흔히 모호하고 불합리하다고 생각하지만 그렇지 않다. 오히려 교과서적인 지식이야말로 '환상'이라고 그들은 주장한다. 이해보다 암기를 요구하기 때문이다. 창조적 천재는 풍부한 상상력과 직관으로 다양한 지식을 통합해 남들이 착안하지 못하는 해결책을 만들어낸다. 지금 아이들에게 필요한 것은 과학적 지식이 아니라, 그 지식을 창안한 과학자의 삶과 사고 과정에 관한 음미이다. 생물을 가르치기 전에 곤충학을 집대성한 《파브르》를 읽게 하는 것이 더 바람직하다는 말이다. 천재들의 창조적 발상법을 몸에 익히게 해야 한다.

어린 왕자는 일곱 번째 별인 지구에서 지혜로운 여우를 만나 인생에서 중요한 것들에 관한 이야기를 듣는다. "가장 중요한 것은 눈에 보이지 않는 법이야"라고 한 여우의 말을 우리는 곰곰이 음미해 보아야 한다. 눈에 보이지 않고 당장 용도가 없다고 멀리하면 후일 치명적인 대가를 치를 수 있다. 우리는 모든 면에서 너무 근시안적이다. 방학 때만이라도 예체능 교육에 관심을 가져보자. 소통과 존중, 상상력과 직관력 배양을 위해 음악, 미술, 체육보다 좋은 과목은 없다.

휴가와 독서

여름은 답답하고 짜증스럽다. 폭염과 가뭄, 태풍과 폭우를 두고 하는 말이 아니다. 국민에게 꿈과 희망을 제시하지 못 하는 무능하고 부패한 정치권, 전문가 집단을 두고 하는 말이다. 우리 모두는 사회의 다양한 병리 현상들을 해결하기 위한 근본적인 토대를 구축하는데 힘을 모아야 한다. 어디서, 어떻게 시작해야 할 것인가. 나는 우리 모두가 한발 물러서서 조용히 독서하고 사색하는 습관을 배양하여 매사를 신중하고 사려 깊게, 합리적으로 생각하고 행동하는 훈련을 하자고 제안한다.

나폴레옹은 24세에 장군이 되었고 34세에 황제가 되었다. 그는 수학 실력이 남달랐던 포병 장교였고 뛰어난 대포 전문가였다. 그가 많은 사람들에게 전쟁광이 아닌 영웅으로 기억되는 이유는 대문호 괴테와 악성 베토벤을 매료시킬 정도로 학식과 교양, 예술적 감각이 뛰어났기 때문이다. 그는 52년을 사는 동안 8천여 권의 책을 읽었다고 한다. 그는 괴테의 《젊은 베르테르의 슬픔》을 일곱 번 읽었으며, 독일을 점령하고 제일 먼저 만난 사람이 괴테였다. 그는 전쟁하러 나갈 때도 이동식 서재인 책을 가득 실은 마차가 뒤따르게 했다. 황제가 된 후에도 도서 전문 관리를 두고 책을 선정하게 했다. 그는 말 위에서도 책을 읽었으며, 책을 다 읽고 나면 뒤로 던져 버리곤 했다. 누군가가 주워서 읽기를 원했기 때문이다. 그는 '지도자란 희망을 파는 사람'이라고 말했다. 오늘의 시각에서 보면 그는 독서를 통해 통섭과 융합에서 한 경지에 오른 사람이었다. 그의 탁월한 웅변술은 광범위한 독서에서 나왔다.

학생들이 책을 읽지 않는다는 것은 학생 자신과 국가 모두에게 치명적이다. 초등학교 때까지는 경쟁적으로 책을 읽지만, 중고등학교에 입학하는 순간 시험 성적과 직접 관계없는 책을 읽는 것은 시간 낭비로 간주한다. 대학에 들어가면 구직과 스펙 쌓기 관련 서적을 주로 읽는다. 요즘 대학가에서 국가와 민족, 자유와 평등, 민족의 통일과 같은 거시적 담론은 오래전에 사라졌다. 정치나 철학, 삶의 본질 등을 이야기하면 철없는 몽상가로 간주된다고 한다. 대학을 졸업하고 나서 책을 읽는 것도 아니다. 하루하루를 전쟁하듯 살아가는 직장인들은 먹고 살기도 힘든데 책이 무슨 소용 있느냐고 말한다.

학자들은 교양의 암흑기가 지속되면 국가 장래는 암담하다며 다가올 재앙을 우려한다. 많은 사람들이 스마트폰이나 인터넷에 떠도는 근거 없는 이야기에 맹목적으로 열광하고 분개한다. 증오심과 적개심, 절망과 좌절을 부추기는 데 익숙한 오늘의 우리 사회는 사소한 일에 일희일비하며 냄비처럼 쉽게 끓어 오른다간 그 모든 것을 너무도 쉽게 망각한다. "현재 대한민국의 지식 농사는 깊이가 얕아지고 토양은 천박해지고 있다. 실용지식도 결국 기초지식에 근거하는 것인데, 책 읽기가 고갈되면 실용적인 지식조차 존립이 위태롭다, 질문하고 의심하는 기능이 저하되면서, 창의적인 혁신능력도 저하되고 있다"는 연세대 홍철 교수의 말은 우리를 섬뜩하게 만든다.

출판 서점가의 불황은 이미 그 골이 깊을 대로 깊었고, 상황이 호전될 여지는 별로 없어 보인다. 책 안 읽는 풍토가

전 세계적인 현상이라면 다소 나마 동병상련의 위안을 얻을 수 있다. 그러나 영국, 프랑스, 미국 등 선진국 사람들은 나이가 들수록 책을 더 많이 읽는다는 통계가 나와 있다. 휴가 기간에는 TV 시청과 쇼핑도 줄이고 책을 읽는다고 한다. 그들은 휴가라서 책을 읽는 것이 아니고, 책을 읽기 위해 휴가를 낸다는 말까지 나온다. 지금 우리 국민들 상당수는 신체적으로는 영양 과잉, 정신적으로는 심각한 지적 영양 결핍 상태에 빠져 있다. 온 국민이 책을 잡자. 독서와 사색보다 사람을 더 진실하게 만들 수 있는 방법은 별로 없다. 이 여름이 가기 전에 한 권의 책이라도 읽고 가슴 뭉클한 감동과 도취를 경험해 보자. 온 국민이 독서를 통해 예민한 감성, 상상력, 사고력이라는 지적 근력을 강화시킬 때, 국가와 국민의 경쟁력, 품격은 높아진다.

이제 꿈과 희망을 이야기하자

"온 나라가 변별력이 떨어진 물수능 때문에 큰일났다 하는데, 우리 아이는 그 쉬운 시험도 평소와 비슷하게 나와서 평균 5등급입니다. 우리 아이는 물수능 때문에 손해 본 것도 없고, 덕 본 것도 없어요. 우리 아이에게도 희망이 있을까요? 대학이 뭔지 모르겠어요." "선생님, 저는 명문대학이 인생의 목표가 아닙니다. 저는 제 점수에 맞는 대학에 가서 제가 하고 싶은 것 다해 보고, 졸업 후에는 아빠 농사일 물려받을 겁니다. 농사일은 처음부터 다시 배워야 하는 것 아닙니까? 저는 최고의 농업인이 되고 싶어요."

고3 학부모와 학생이 진학 상담하러 와서 한 말이다. 이

모자母子의 말 속에는 많은 내용이 함축되어 있다.

물수능이라 해도 5등급 학생에겐 손해도 덕도 없다는 말은 맞다. 성적이 표준 점수로 표기될 경우, 문제가 아주 쉬우면 최상위권만 점수 폭이 좁아져 변별력이 없다. 4, 5, 6등급의 중위권 학생에겐 큰 영향이 없다. 그런데도 언론은 1, 2, 3등급에 해당되는 상위권만 문제 삼아 모든 학생에게 변별력이 없는 것처럼 말한다.

뉴스는 사실이 아니다. 그렇다고 거짓말을 하는 것도 아니다. 뉴스란 '사실에 관한 해석'이다. 뉴스가 생산되는 과정에서 기자와 언론사의 관점과 가치관에 따라 사실은 다양하게 해석되며, 강조점이 달라진다. 언론의 수능시험 보도는 철저하게 상위권 입장에서 사실과 현상을 바라본 것이다.

일찍이 마하트마 간디는 교육의 목표는 '자신의 창조적 능력을 의식하는 것'이라고 했다. 인간은 생성 중에 있는 신과 같은 존재로서, 신에게 속한 가장 중요한 속성, 즉 창조력과 실천력을 가지고 있다. 지식이란 사람이 부릴 수 있는 수많은 하인 가운데 하나일 뿐이다. 단순하게 살아가는 방법을 배우고, 소박한 아름다움을 가까이하며, 예술가, 기술자, 농사꾼 등 직종에 관계없이, 모든 사람은 자신의 재주로 살아가는 모든 종류의 생활방식에서 감동을 맛보고, 감흥을 일으키는 방법을 배워야 한다. 학교는 '수많은 노예를 생산하는 공장'에 불과하다. 노예가 아닌 자립적 인간을 키우는 것이 교육의 목표다. 아무리 좋은 생각, 정서, 감수성을 가지고 있어도, 그것들을 자연스럽게 실천에 옮길 수 없다면 아무 소용이 없다. 그의 교육관은 지금도 여전히 유효하다.

이반 일리치는 학교는 억압적이고 인간을 소외시켜 비인간화로 내몰며, 기존사회의 유지라는 목적을 위해 존재할 뿐이라고 비판했다. 학교는 교육을 통한 평등을 약속하지만, 실제 학교는 극소수의 이익에만 기여하며, 평등이란 환상을 심어줄 따름이라고 그는 주장했다. 그가 말하는 '학교 없는 사회'란, 인간이 무엇을 배우고 싶을 때, 그 방법을 언제라도 쉽게 접할 수 있는 사회이다. 인간은 자신이 필요로 하고, 간절히 소망하는 일은 보다 쉽고 빠르게 배운다. 일리치는 인간은 스스로를 가르칠 수 있다고 말했다. 대학에서는 마음이 끌리는 것들을 실컷 공부하고, 농사일은 처음부터 차근차근 배워 최고가 되겠다는 학생의 말과 태도는 얼마나 훌륭한가. 짐 로저스가 국내 어느 대학 강연에서 농업은 장차 최고의 유망 직종이라고 했다. 학생의 수능 성적은 5등급이지만, 학생의 생각과 비전은 1등급 수준을 능가하는 것이다. 학생에게 좋은 충고의 말을 해 달라는 어머니의 요청에, 간디와 일리치의 말을 다시 상기시키며, 학생의 각오와 태도로 볼 때, 살아가면서 필요한 것이 있으면 언제라도 열정적으로 잘 배울 수 있을 것이라고 했다.

수능시험을 친 모든 젊은이들에게 가와이 에이지로 도쿄대학 교수의 말을 들려주고 싶다. "청년답다는 것은 높은 것을 향한 동경, 가치 있는 것에 대한 감격, 심원한 것에 대한 매혹, 영혼을 울리는 것에 흘리는 눈물이다. 속세를 살아가는 기교는 속세에 닳고 닳은 사람에게 맡겨 놓으면 된다. 청년이 청년다울 때의 모습은 들판 한가운데 서 있는 한 그루 나무처럼 곧고 단순한 것이다."

젊은이들이여, 늘 꿈을 꾸며 미래를 낙관적으로 전망하라. 그리고 꿈의 실현을 확신하며, 복잡하게 생각하거나 계산하지 말고, 단순한 마음으로 뚜벅뚜벅 걸어가라. 그리하여 우리 사회가, 서로가 서로의 것을 빼앗는 약탈적 사냥터가 되게 하지 말고, 모두 함께 행복할 수 있는 삶의 공동체가 되게 하라.

희망이 있는 예측 가능한 사회

현행 입시에서 수시는 학생부 교과 전형이든, 종합 전형이든 합격을 예상하기가 어렵다. 학생부나 수능 성적이라는 객관적 자료를 활용해도 예측 가능성이 낮다. 학교를 차별하지 않고 정말 학생부만 보는지, 일반고, 특목고, 자사고 등 학교 유형에 따라 가산점을 다르게 부여하는지를 확실하게 알 수 없다. 대학들이 금지된 고교등급제를 적용하고 있는데도 아니라고 부인하니 그 물증은 교육 당국이 찾아내는 수밖에 없다.

논술시험도 예측 가능성이 낮다. 잘 쳤다고 하는 학생이 떨어지고, 못 쳤다고 하는 학생이 합격하는 사례를 자주 볼 수 있다. 상당수의 상위권 대학들은 수능최저학력 기준을 지나치게 높여, 학생부 성적이나, 논술 실력을 무력화시키고 있다는 의심을 받기도 한다. 점수를 알고 지원하는 정시도 경쟁률에 따라 합격점이 달라진다. 높다고 예상한 학과의 합격점이 터무니없이 낮아지고, 낮다고 한 학과의 합격점이 최고로 치솟기도 한다. 수시든 정시든 예측 가능성이 낮기 때문에 학생, 학부모 모두가 힘들어 하는 것이다.

임상심리학자 브리즈니츠 박사가 완전군장을 한 이스라엘 육군 훈련병을 4개조로 나누어 20km 행군을 시켰다. 1조에게는 행군거리를 미리 예고하고, 5km마다 남은 거리를 알려주었다. 2조에게는 '지금부터 먼 거리를 행군한다'라고만 알려주었다. 3조에게는 15km를 행군한다고 말했다가 14km 지점에서 20km를 행군한다고 변경 통지했다. 4조에게는 25km를 행군한다고 말했다가 14km 지점에서 오늘 행군은 20km로 단축한다고 발표했다. 정확한 행군거리와 중간지점에서 남은 거리를 알고 행군한 1조가 가장 스트레스를 적게 받았고, 행군거리를 모르고 뛴 2조가 가장 심하게 스트레스를 받았다.

누구나 예측 가능한 일이다. 그러나 3, 4조는 일반의 예상을 벗어났다. 예상보다도 짧은 거리를 행군한 4조가, 예상보다 더 먼 거리를 뛴 3조보다 훨씬 스트레스를 많이 받았다는 결과가 나왔다. 브리즈니츠 박사는 "나쁜 소식이 큰 지장을 일으키지는 않았다. 오히려 예상하고 있던 거리보다 줄었다는 기쁜 소식을 들은 병사들은 긴장이 풀리면서 갑자기 피로가 엄습해 왔던 것이다. 어려움이나 편안함보다는 희망과 절망이 인간에게는 중요한 문제이며, 인간이 가장 큰 스트레스를 받을 때는 어려울 때가 아니라 희망이 없을 때"라고 말했다.

20~30대 청년들 상당수가 취업, 결혼, 출산을 포기한 3포, 여기에다 주택 마련, 인간관계를 추가한 5포, 이제는 희망과 꿈마저 저버린 7포의 단계에 접어들고 있다는 우울한 이야기가 회자되고 있다. 우리 사회는 전 연령층의 젊은이들이 별로 행복하지 않다. 초중학생은 지나친 선행학습과 성적 경쟁, 대입 수험생은 예측 가능성이 낮은 전형방법 때문에 고통을 받고 있다. 최악의 취업난은 대졸 당사자와 부모 모두를 고통스럽게 하고 있다. 우리 젊은이들은 현실이 어렵고 힘들지만 꿈과 희망을 가지고 꾸준히 노력하면, 소망하는 대학에 들어갈 수 있고, 졸업 후엔 기대하는 직장을 구할 수 있다는 확신을 가지고 싶어 한다. 좀 더 수고하고 땀 흘리며 더 먼 거리를 행군하는 것은 문제가 되지 않는

다. 뛰면서도 꿈의 실현을 확신할 수 없기 때문에 절망하는
것이다.

> 암자는 산을 닮아 늘 고요 적적하다.
> 그 적막을 깨우려고 풍경 하나를 매달았다.
> 오늘은 가슴에 산처럼 사연 많은 여인이
> 말없이 와서 부처님께 매달려 풍경처럼 울다갔다

  강우식 시인의 〈산사〉 전문이다. 젊은이들이 갖가지 꿈을
꾸면서, 그 꿈의 실현 가능성을 확신할 수 있을 때, 어머니
의 눈물도 그치게 될 것이다. 시에서 묘사하고 있는 풍경을
실제 삶에서 목격하게 되는 현실이 너무 안타깝다.

평가방식과 신뢰사회

A씨는 텝스 900점, 토익 950점을 받을 정도로 영어에는 자신이 있다고 적었다. B씨는 공인영어시험에 응시해 본 적은 없지만, 영어로 된 소설과 잡지를 어려움 없이 읽을 수 있고, 원어민과 자유롭게 의사소통을 할 수 있다고 적었다. 서류전형 심사위원은 누구를 선택할까? 가장 빠르고 실수를 최소화할 수 있는 선택은 공인영어시험 고득점자를 뽑는 것이다. 자신의 영어 실력을 문장으로 서술한 지원자를 선택하려면, 그 내용을 검증하는 과정에서 시간이 걸리고 여러 가지 번거로운 절차가 필요하다. 수치화된 자료나 지표를 보고 판단하는 것이 정량적 평가이고, 잠재적 가능성,

인성 등 수치화하기 어려운 능력이나 특성으로 판단하는 것이 정성적 평가이다.

해방 이후 우리는 대학뿐만 아니라 국가와 기업 등 거의 모든 기관들이 사람을 뽑을 때, 모든 항목을 수치로 계량화하여 판단하는 정량적 평가를 선호했다. 정량적 평가는 선발시간을 단축할 수 있고, 탈락자가 순순히 결과에 승복하며, 이의를 제기하지 않는 장점이 있다. 수준이 비슷한 두 사람의 논문을 두고 어느 한쪽이 더 낮다고 평가하면, 탈락한 사람은 왜 상대가 더 우수한가를 해명해 달라는 요구를 할 수 있다.

객관식 시험으로 10개를 맞춘 사람을 뽑으면, 9개 맞춘 사람은 항의하지 않는다. 압축적 경제성장 시기에 이 시스템은 위력을 발휘했다. 우리처럼 성질 급하고 상대의 주관적 판단이나 평가를 좀처럼 신뢰하지 않는 경향이 있는 풍토에서 정량적 평가는 순기능적인 측면이 많았다. 기능공적인 지식인을 선발할 때 이런 평가시스템은 특히 효율적이었다. 그러나 창의력이 경쟁력인 시대에는 수치로 표현되지 않는 자질과 특성 같은 정성적 평가가 요구되는 경우가 많다.

교과 성적과 수능성적에 의한 한 줄 세우기를 지양하고

학생의 창의력과 잠재력을 중시하는 선발방식이 학생부 종합전형(입학사정관전형)이다. 1920년대 이 제도를 처음 도입한 미국에서조차 이 제도는 대학이 특정 인종을 배제하고 원하는 학생들만을 골라 뽑기 위한 편법적 수단으로 악용된다는 논란을 불러일으켰다. 1918년 콜럼비아 대학은 유대인 합격자가 40%, 1922년 하버드 대학은 유대인 합격 비율이 21.5%였다. 명문대학들이 유대인 합격 비율을 낮추기 위해 점수가 아닌 인성, 리더십, 과외활동, 봉사활동 등을 고려한 새로운 선발 방식을 만들었다는 논란이 일어났다. 이 제도가 정착되기까지는 많은 오해가 있었고, 무수한 시행착오를 거듭해야 했다.

수도권 명문대 학생부 종합전형 합격자의 상당수가 영재고, 특목고, 유명 자사고, 강남 출신의 학생들이라는 사실에 주목해 볼 필요가 있다. 대학이 원하는 학생을 우선적으로 선발할 수도 있다. 다만 영재고, 특목고, 유명 자사고에 주는 가산점과, 일반고와 특목고의 내신 등급 차이를 줄여주는 내신 조견표라도 공개하라는 것이다. 그래야 수험생들이 예측 가능한 지원을 할 수 있지 않겠는가. 이런 요구에 일부 대학은 영업상의 비밀이기 때문에 조건 방식을 밝힐 수 없다고 말한다.

대학입시에서만 그런 것이 아니다. 의학전문대학원과 법학전문대학은 고교를 졸업할 때 명문대 인기학과나 의대에 들어가지 못한 가진 자들의 자녀들에게 주는 패자부활전이라는 비난을 받기도 했다. 절망적인 청년 취업난 속에서 최근 밝혀진 국회의원 자녀들의 특혜 취업 논란은 취업을 위한 경력에 도움이 된다면 열정페이, 무급 근로도 감수해 온 수많은 청춘들을 분노케 하고 좌절하게 했다. 그들은 차라리 선다형 객관식 시험과 사법시험을 부활하자고 주장한다. 대학이나 기업이 사람을 뽑을 때, 학생부 교과 등급, 수능점수, 학점, 어학점수, 각종 스펙과 자격증 같은 것에 의한 정량적 평가만 적용한다면 기발한 아이디어나 창의력을 가진 사람을 선발하기 어렵다는 사실은 누구나 다 잘 알고 있다. 문제는 투명성과 공정성을 신뢰받지 못하는 정성적 평가는 수많은 젊은이들에게서 도전정신과 꿈을 빼앗아간다는 사실이다. 정성적 평가가 악용되면 지원자가 처한 사회, 경제적 위치와 사회문화적 배경이 당락에 지대한 영향을 미치기 때문에, 그것은 계층이동을 가로막는 장벽이 될 수 있다. 공정한 평가 방식에 대한 사회적 공론이 필요한 시점이다.

이제 정말 달라져야 한다

대졸자 취업이 장기적인 국가 이슈가 되고 있지만 대학 입학을 위한 경쟁의 과열은 식을 기미를 보이지 않는다. 수능 시험에서 만점을 받은 학생들의 학습법, 생활 방식 등이 학생과 학부모의 입에 자주 오르내리고 있다. 어떤 만점자는 수업 시간에 선생님의 농담도 받아 적었다는 사실을 이야기했다. 수업에 모든 주의력을 집중하는 성실함에 대해서는 높게 평가해야 한다. 그러나 어떤 관점에서 보면 그정도 우수한 학생이 농담까지 받아 적을 필요가 있었는가에 대해서는 의문을 제기하지 않을 수 없다. 학점과 공인 외국어 점수, 등급과 석차가 찬양 받는 교실은 황폐한 사막과 같다.

경쟁에서 이길 수 있는 자기 계발 관련 책들이 서점가의 좋은 자리를 독차지하고 있다. 그런 책들이 과연 도움이 될까. 안 보는 것보다 나을지는 모르지만 크게 도움이 될 수가 없다. 무조건적인 긍정과 낙관, 맹목적인 자신감은 현실을 왜곡할 뿐만 아니라, 현실 도피를 조장할 수 있다. 자기 계발서들이 주는 지침과 처방은 더운 날의 달콤한 탄산음료와 같다. 마시는 동안은 잠시 기분 전환이 되고 시원하지만, 조금 지나면 더 극심한 갈증을 느끼게 한다. 자질과 능력을 갖추지 않고, 구체적인 노력이 수반되지 않는 긍정과 낙관은 위험하고 무모할 뿐만 아니라 일을 크게 그르칠 수 있다.

미국 사회연구 뉴스쿨대 심리학과 연구진이 국제 학술지 〈사이언스〉지에 "문학성이 높은 소설을 읽으면 남의 마음을 읽는 능력이 발달하는 것을 확인할 수 있다"는 사실을 발표한 적이 있다. 연구진은 안톤 체호프의 작품 같은 문학성이 높은 소설, 인터넷서점 아마존에서 베스트셀러에 오른 대중소설, 스미소니언 박물관 잡지 기사 같은 비소설을 실험에 참가한 사람들에게 읽히고 공감 능력을 측정했다. 문학성이 높은 소설을 읽은 사람의 인지와 정서 능력이 가장 높게 나오고, 대중소설과 비소설을 읽은 사람은 별 차이가 없다는 결과가 나왔다. 연구진은 "대중소설은 인물을 평면적이고 예측 가능하게 묘사하지만, 문학성 높은 소설에는 현실처럼 속사정을 알기 어려운 복잡한 인물이 등장하기 때문"이라고 그 이유를 밝혔다. 문학성이 높은 시나 소설은 어휘 구성이나 표현에서 독창적인 장치를 많이 사용하기 때문에 독자에게 차원 높은 사고력을 요구한다. 수준 높은 글로 훈련된 사람은 타인의 감정을 더 잘 이해할 수 있고, 학습 능력을 포함한 다른 지적 능력도 더 발달할 수밖에 없다.

우리 아이들은 지나칠 정도로 합리적인 것과 이성적인 것만을 추구하도록 강요받고 있다. 주기적으로 무엇인가에 도취되어 가슴 뭉클한 감동을 경험하지 않으면 합리성의 추구는 공허한 것이 되고 만다. 감동과 도취가 없는 지식의 추구는 삶을 메마르게 하여, 궁극에는 개인을 황폐하게 할 수 있다. 무조건 책상머리에 붙어 앉아 있는 것만이 능사가 아니다. 이제 우리는 정말로 달라져야 한다.

시지프스의 형벌

희랍 신화에 나오는 시지프스는 신들의 입장에서 보면 지극히 성가신 말썽꾸러기였다. 전령의 신 헤르메스가 아폴론의 소를 훔쳤다고 그에게 고자질했고, 제우스가 독수리로 변해 요정 아이기나를 납치한 일을 요정의 아버지 아소포스에게 일러바쳤다. 그 대가로 그는 그가 다스리는 땅 코린토스에 '물이 마르지 않는 샘'을 아소포스로부터 얻어냈다. 제우스의 미움 때문에 코린토스에 물이 말라 그의 백성들이 고생을 하고 있었기 때문이다.

그가 저지른 짓들은 인간을 위해서였지만, 신들의 입장에서 보면 신의 일에 자꾸 끼어드는 그가 달갑지 않았다. 화가

난 제우스는 시지프스를 잡으려 했지만 그는 요리조리 피하며 애를 먹였다. 결국 전쟁의 신 아레스를 보내자 인간에게 화가 미치지 않게 하려고 그는 항복했다. 그는 저승에서도 저승의 왕 하데스를 속여 탈출했다가 또 잡혔는데, 신들은 고약한 시지프스에게 주려고 인간이 감당하기에 가장 가혹한 형벌을 생각해냈다.

뛰어난 지혜 때문에 신의 노여움을 산 시지프스는 프로메테우스가 코카서스 산중에서 영원의 형벌을 받았던 것처럼, 돌을 산 정상까지 밀어 올리면 다시 아래로 굴러 떨어지고, 밀어 올리면 또 떨어지는 형벌을 영원히 반복해야했다. 그는 '하늘 없는 공간, 깊이 없는 시간'과 싸우는 가혹한 형벌을 감수해야 했다.

이것을 두고 A. 까뮈는 《시지프 신화》에서 "무용하고 희망 없는 노동보다 더 끔찍한 형벌은 없다고 신들이 생각한 것은 일리 있는 일이었다"라고 썼다. 그는 현대인들의 '권태롭고 전망 없는 일상'이 돌을 영원히 밀어 올려야 하는 시지프스의 '무용하고 희망 없는 노동'과 같다고 보았다. 대한민국 학생들 절대 다수가 돌을 끝없이 밀어 올려야 하는 시지프스와 같다고 말하면 사실을 왜곡하고 과장하는 것일까. 지겹고 권태로운 일상 속에서, 성취감을 맛볼 수 있는 소수를 제외한 나머지 대부분 학생들은 시지프스처럼 단조로운 노동을 하며 하루하루를 보내고 있다.

고교 생활 내내 새벽부터 밤까지 수업과 자율학습에 참여하고, 휴일도 없이 학원에 열심히 다니지만 성적 변화는 잘 일어나지 않는다. 매일, 매달, 매년, 같은 과정을 되풀이해도 성적 변화를 경험하지 못하는 삶, 지겹고 권태로운 그들의 일상은 무용하고 희망 없는 노동을 계속해야 하는 시지프스의 그것과 다를 바가 없다. 아니, 이들의 삶은 시지프스보다 어떤 측면에서는 더 힘들 수도 있다. 시지프스는 혼자이기 때문에 남과 끊임없이 비교 당하는 고통은 받지 않는다. 우리 아이들은 같은 교실에서 같은 시간 동안 앉아 있지만 점수와 석차, 등급은 달라 항상 비교 당하는 형벌을 하나 더 겪는 것이다.

국가 경쟁력의 위기 앞에서 교육의 본질과 생산성에 관한 진지한 성찰이 필요하다. 모든 학생에게 국, 영, 수 탐구과목에서 고득점하는 것만이 살길이라고 강요해서는 안 된다. 적성과 취향에 따라 다른 선택을 할 수 있는 길을 제시해 주어야 한다. 오늘의 세계에서는 범람하는 정보와 지식 중에서 필요한 것을 취사선택하여 부가가치가 높은 제품을 만들어 낼 수 있는 창의력이 생존수단이자 경쟁력이 된다.

빅 데이터와 인공지능이 인간이 하는 일의 상당 부분을 대신하게 되는 미래에는 인간만이 가질 수 있는 따뜻한 인성, 예민한 감성, 한발 앞서 미래를 예견하는 지혜, 판단력 등이 중요하다.

초중고에서는 교과서만 달달 암기하고, 대학가서는 공인 외국어 점수를 높이며 창의력과는 별 상관없는 스펙 쌓기에 진을 빼야하는, 그 재미없는 노동에서 벗어날 수 있어야 한다. 시간이 흐를수록 가슴이 환해짐을 느끼고, 자신과 이웃과 세계가 새로운 의미로 다가오는, 지적 희열을 느낄 수 있는 공부를 할 수 있어야 한다.

먼저 죽을 각오가 되어있는가

모리타 아키오 소니 사장이 1956년 자사가 개발한 트랜지스터라디오를 가지고 뉴욕에서 라디오 판매상을 만났다. 판매상은 소니 브랜드로는 많이 팔리지 않을 것이니 자기네 브랜드를 붙이면 10만 대를 주문하겠다고 말했다. 당시 그 주문량은 소니 총자본의 몇 배에 해당하는 엄청난 물량이었다. 그때만 해도 일본 제품은 싸구려로 인식되고 있었다.

모리타는 브랜드 조건 때문에 판매 상담을 중지하고 도쿄 본사와 상의했다. 브랜드 문제는 회사가 성장하고 난 후로 미루고, 지금 당장은 자금 사정이 어려우니 주문 기회를 놓치지 말아달라는 것이 본사의 견해였다. 그러나 모리타는 고심 끝에 비록 소량이라도 소니 브랜드를 붙일 수 있는 주문만 응하기로 결정했다. 그때 그는 소니를 반드시 유명 브랜드로 키우겠다는 결심을 했다. 회사의 사활이 달린 상황에서 단기적 대량 매출의 유혹을 버리고 장기적 비전을 중시했던 것이다. 그것이 소니 성장의 토대가 되었다.

소니는 결국 세계 정상에 올랐다. 은퇴 회견에서 소니를 위해 내린 가장 자랑스러운 의사결정이 무엇이었느냐는 질문을 받았을 때, 그는 대량 주문의 유혹을 물리치고 브랜드를 고수한 것이었다고 말했다.

그가 걸어 다니며 음악을 들을 수 있는 워커맨을 만들려고 할 때도 직원들은 그런 제품은 팔리지 않을 것이라며 반대했다. 외부 전문가에 의뢰한 시장조사 결과도 좋지 않았다. 그때 그는 새로운 아이디어를 얻기 위한 시장조사라는 것이 어리석은 짓일 수 있다고 말했다.

그는 새로운 아이디어와 성공의 원천은 직관력과 결단력이라고 믿었다. 그리고 3만 개 이상 팔리지 않으면 회장직을 내놓겠다고 말했다. 워크맨은 출시 3년 만에 300만 개를 돌파했고, 총 3억 개 이상을 팔았다.

폭약을 생산하는 미국의 종합화학회사 듀폰사의 경영 수칙에는 이사회와 사장단의 사무실은 폭약고가 자리 잡은

건물 내에 배치한다는 규정이 있다. 그것이 바로 듀폰사에서 사고가 발생하지 않는 이유다.

베이징대학의 디테일경영연구소장 왕중추가 쓴 《퍼펙트 워크》에 나오는 이야기다. 왕중추는 "열심히 일하지 말고, 완벽하게 일하라"고 말한다. 그는 완벽하게 일하는 것을 가로막는 가장 큰 장애물은 바로 사람, 우리 자신이라고 지적한다. 완벽을 위한 핵심 사항은 사람의 태도와 습관이라는 점도 강조했다. 책임감, 노력, 자긍심, 성실, 섬세함과 집중은 완벽하게 일을 하는 과정과 그 결과 모두를 좌우하는 사고방식이다.

지금 우리를 힘들고 답답하게 하는 것은 정치와 행정, 경제다. 우리로 하여금 한 가닥 희망을 가질 수 있게 해주는 것 또한 정치와 행정, 경제다. 지금 정치판의 모습은 국민을 분노케 할 뿐만 하니라, 우리에게 미래가 있는가를 반문할 정도로 실망스럽다.

모리타가 목전의 대량 판매를 포기하고, 소니라는 브랜드를 부여잡고 그 가치를 키워 세계 최고의 기업을 만들었듯이, 국민은 자신의 정치적 신념과 소신을 확고하게 유지한 채, 국가와 국민만 생각하며 묵묵히 앞으로 걸어가는 정치인을 보고 싶어 한다. 지금 정치판에서는 판매량만 늘일 수 있다면, 다시 말해 공천을 받고 유권자의 표만 얻을 수 있다면, 자신의 정체성이나 신념 같은 것은 아무 의미가 없다. 이 모든 과정을 소상히 지켜보고 있는 젊은이들이 이들에게서 무엇을 배울 것인가.

국민은 집 걱정과 가계부채, 자녀 취업문제로 밤잠을 설치고 있다. 지금 이 나라의 정치와 행정, 경제를 이끌어가는 사람들은 일이 잘못되면 자신이 제일 먼저 죽겠다는 자세로 일하고 있는가. 왕중추는 완벽하게 일하는 것을 방해하는 것은 나쁜 습관이 주된 요인이라고 지적한다. 중복, 방심, 생략, 무시, 회피 등을 그 예로 들고 있다. 우리는 여기에다 갑질과 무사안일도 보태야 한다.

인사혁신처가 직무태만 등 소극적 행정을 뿌리 뽑겠다며 '공무원 징계령 시행규칙' 개정안을 만들어도 아무 소용이 없을 것이다. 정치와 행정, 경제를 이끌어가는 사람들이 투철한 사명감과 책임감을 갖지 않으면 백약이 무효다. 국민은 책임 있는 자들 스스로가 가장 위험한 화약고 건물에 기거하며, 일이 잘못되면 먼저 죽겠다는 각오로 난국 타개를 위해 솔선해 주길 기대하고 있다

시지프스를 위한 변명

지은이│윤일현
발행인│신중현

초판 발행│2016년 3월 25일

펴낸곳│도서출판 학이사
출판등록│제25100-2005-28호

대구광역시 달서구 문화회관11안길 22-1(장동)
전화_(053) 554-3431, 3432   팩시밀리_(053) 554-3433
홈페이지_http://www.학이사.kr
이메일_hes3431@naver.com

북커버디자인│박병철 대구예술대학교 교수
ISBN_979-11-5854-020-3   03330